及時覺醒

把心打開，正是覺醒的時候
史努比SNOOPY獻給人生的最溫柔指引

Abraham J. Twerski
亞伯拉罕・托爾斯基

Charles M. Schulz
查爾斯・舒茲 著

溫澤元 譯

目錄
Contents

《花生》漫畫人物大集合 004

前言 想擺脫惡夢,唯一的方法就是「醒過來」 009

Step 1 承認自己無能為力,認清人生已經混亂失控 019

Step 2 相信有更崇高、強大的力量,能讓我們恢復理智 039

Step 3 決定將個人意志和生命,託付給自己所理解的上蒼 049

Step 4 勇敢探究、檢視自己的品格 065

Step 5 對上蒼、自己以及其他人,坦承我們有哪些缺點 085

Step 6 完全準備好,讓上蒼來消除自身所有人格缺憾 101

Step 7 謙卑祈求上蒼消除我們的缺點 111

Step 8 列出自己傷害過的人,並且願意補償名單上的所有人 121

Step 9	盡可能直接補償你傷害過的人，除非這樣做會傷害他們或其他人	131
Step 10	持續檢視自己的行為，發現有錯要立刻承認	145
Step 11	透過祈禱和冥想，有意識地與上蒼接觸；祈求能夠了解上蒼的旨意；祈求有力量，去奉行祂的旨意	159
Step 12	實行十二步驟、心靈覺醒之後，努力把這個訊息傳遞給其他人，並在生活中全面實踐這些原則	171

特別篇 I	史努比陪你，不再討好所有人	189
特別篇 II	7大人生格言，喚醒全新的自己	199
後記	這簡直是最美好的人生哲學	221

《花生》漫畫
人物大集合

Charlie Brown
查理・布朗

史努比的主人,外號老好人,樂天又悲觀,常為小事煩惱。熱愛棒球,雖然屢戰屢敗,但他始終相信有一天會打贏。他暗戀著一位「紅髮小女孩」。

Snoopy
史努比

忠心、天真又富有想像力的米格魯。對有幽閉恐懼症和懼草症的牠來說,躺在狗屋上是最幸福的事。最大的興趣是寫小說。

Woodstock
糊塗塌克

史努比最好的朋友,只有史努比聽得懂牠說的話。原本是隻跟著家族遷徙的候鳥,但飛行技術不佳,才停留在史努比的狗屋。最大的心願是:「找到媽媽並送牠母親節卡片」。

Sally
莎莉

查理‧布朗的妹妹,喜歡奈勒斯,常有異想天開的言論。最討厭學校的功課、夏令營跟遠足。她總是在尋求答案。但她沒有得到答案時,又繞回到原來的理念:「誰在乎呢?」

Lucy
露西

奈勒斯的姊姊。愛耍小聰明,嗓門大,喜歡捉弄人,查理‧布朗、奈勒斯都是她捉弄的對象。暗戀謝勒德,只有在他面前,才會變得溫柔體貼。她開設了一個心理諮商的攤位,但常常診斷錯誤就是了。

Linus
奈勒斯

查理‧布朗的摯友,常語出哲理。缺乏安全感的奈勒斯,總是帶著一條「安心小被被」,姊姊露西千方百計想幫他戒掉,但奈勒斯沒有小被被不行。他不相信有聖誕老人,但相信萬聖節有南瓜大王。

Schroeder
謝勒德

音樂神童，美學素養極高，能夠用玩具鋼琴彈出偶像貝多芬的作品，總認為貝多芬是美國第一屆總統。他多次拒絕露西的追求（逃避、無視或毒舌回應），是唯一治得住露西的角色。

Peppermint Patty
派伯敏特・佩蒂

爽朗隨和，很有領導者風範，是個運動健將，什麼運動項目都難不倒她。每逢上課必打瞌睡，所以學業成績慘不忍睹。喜歡查理・布朗。

Marcie
瑪西

心思細膩、知識量最多最廣。學業成績很好，卻是個運動白痴。是派伯敏特・佩蒂的好朋友。出於尊敬和對禮儀的誤解，瑪西總是稱佩蒂為「長官」（Sir）。曾對查理・布朗表示過愛慕之意。

Pigpen
乓乓

滿身灰塵汙泥,有著走在路上,就會吸引塵土的奇特體質,宛如「灰塵磁鐵」。但他有顆純潔無瑕的心,也會安慰查理・布朗「不要太在意別人的眼光,更重要的是他如何看待自己」。

Violet
范蕾特

個性開朗,有時會跟查理・布朗鬥嘴。但兩人關係不壞,她在玩扮家家酒時會給查理・布朗吃泥巴派。她是漫畫中第一個做出「把橄欖球抽走,讓查理・布朗摔倒」的人,原因是害怕手被踢到。

Franklin
富蘭克林

品學兼優的好學生,不管是學業還是運動都很拿手。不太容易焦慮,個性穩重,值得信任。而他也是少數不會對查理・布朗冷嘲熱諷的角色,常常跟查理・布朗討論兩人爺爺的話題。

Molly Volley
茉莉

史努比的網球雙打夥伴,脾氣暴躁。最大的網球敵手是愛哭鬼布比和她的兄弟鮑比。但茉莉通常會叫愛哭鬼布比閉嘴並發球。

Roy
羅伊

查理・布朗在夏令營認識的小孩。兩人因為同感落寞孤獨,在相互共勉之下,成為了好朋友。

Patty
佩蒂

最早的固定班底,並且是首位女性角色,在連載初期戲分極高。跟范蕾特很要好,兩人常一起欺負查理・布朗。

Spike
史派克

史努比的哥哥,獨自住在沙漠,把仙人掌視為朋友,會跟仙人掌和風滾草對話。跟米老鼠是好朋友,會穿著米老鼠送的鞋子。

在課堂上,瑪西答對了,而派伯敏特‧佩蒂答錯了。但在現實生活中,兩人其實都對了。

大多數人生問題的解答,確實就在我們心中。許多人之所以憂鬱沮喪、碰到各種人生難題,是因為他們不曉得多數問題的解答就在自己心裡。佩蒂說得沒錯。

瑪西當然也是對的。許多人找到一套包含十二個步驟的方法,只要遵循這十二個步驟,人生就會有所不同,棘手的困擾與問題也會迎刃而解。這十二步驟讓我們知道如何運用自己原有的資源和能力,來順應生活的境況,以及如何在現有資源不適用時,尋求更崇高力量的協助。

幾年前,我就碰到一個大家都很熟悉的問題。準備要開支票來繳每個月的帳單時,我發現銀行帳戶裡沒錢了,整個人陷入愁雲慘霧之中。

由於那個月並沒有不尋常的支出,我不曉得銀行裡怎麼會沒錢。但數字不會說謊,我只好將所有帳單延到下個月再繳。

在接下來的兩週,我都煩躁不已,很氣自己竟然讓生活陷入這種困境。下個月初,我收到銀行對帳單,才

喜出望外地發現帳戶裡**其實**是有錢的。這完全是個誤會，因為我的帳戶是採用直接存款方式，薪水會直接存入戶頭。我只是忘記在支票簿上紀錄存款金額罷了。

我需要去借錢嗎？不用。需要靠慈善單位救濟嗎？也不需要。我只需要把實際情況搞清楚就行了。

我其實有錢，但因為我根本不曉得，所以沒辦法使用。

很多人都有足夠的能力和資源，來順應生活中的各種挑戰。但我們之所以經常碰到無法克服的難題，並不是因為缺乏解決問題的能力，而是**不曉得**自己其實有足夠的能力。所以，焦慮和憂愁其實完全沒有必要。

如果我問的是：「我們要從哪裡找尋順利應對人生的能力？」那佩蒂的答案是對的。一切資源就在自己身上。但假如我的問題是：「要如何找到這些資源？」那瑪西的答案才是對的。答案是「十二」，也就是能讓我們探索內在力量、了解該去哪裡尋求協助的十二步驟。

◗ 讓人生風景煥然一新的祕密

時間拉回 1930 年代，有兩位男子嚴重酗酒、生活搞得一塌糊塗，而且還無力停止這種自我毀滅的行為，於是他們想出一套以互助為基礎的戒酒方法。

當初這個簡單的概念，如今發展成所謂的「戒酒無名會」。目前，世界各地已有數以千計的團體，數百萬人透過這種形式來求助、解決問題。

戒酒無名會成效顯著，所以那些面對其他癮頭，但又無法透過傳統治療來解決問題的人，也開始仿效戒酒無名會的運作方式。

現在，毒品成癮、暴飲暴食、賭博、藥物成癮、債台高築、古柯鹼成癮、情緒問題、性愛成癮、家庭問題等形形色色的困擾，都已經出現相對應的匿名互助協會。其中許多協會還附設家屬互助團體，比方說匿名戒酒家屬團體、匿名戒毒家屬團體、匿名賭博成癮家屬團體，以及酒精成癮者之成年子女互助會。

這些互助團體的效果非常好,許多連精神科診療和心理治療都幫不上忙的個案,都在匿名互助團體的協助下解決問題。

既然如此,我們自然要了解一下,為什麼這些互助會這麼有效,然後將這些原則應用在看似無解的人生問題上。

這些互助會的共通點,是運用十二步驟來處理各種自我挫敗的行為。而會員互相幫助的方法,主要是分享自己的失敗與成功經驗。透過定期聚會,深聊各自的經歷、希望、力量和勇氣。

除了從互助會的群體智慧中獲益,每位成員還會有專屬的指導者與互助對象。這種團體會有成員常可掛在嘴邊、別具意義的行話,以及一套精闢簡潔的標語,作為提醒。

雖然這種團體並不推崇特定宗教,禱告卻是集會的重要流程之一。

指向一切解答的十二步驟

1. 承認自己對酒精、毒品、食物、賭博等等事物無能為力,認清人生已經混亂失控。
2. 相信有更崇高、強大的力量,能讓我們恢復理智。
3. 決定將個人意志和生命,託付給自己所理解的上蒼。
4. 勇敢探究、檢視自己的品格。
5. 對上蒼、自己以及其他人,坦承我們有哪些缺點。
6. 完全準備好,讓上蒼來消除自身所有人格缺憾。
7. 謙卑祈求上蒼消除我們的缺點。
8. 列出自己傷害過的人,並且願意補償名單上的所有人。
9. 盡可能直接補償你傷害過的人,除非這樣做會傷害他們或其他人。
10. 持續檢視自己的行為,發現有錯要立刻承認。
11. 透過祈禱和冥想,有意識地與上蒼接觸;祈求能夠了解上蒼的旨意;祈求有力量,去奉行祂的旨意。
12. 實行十二步驟、心靈覺醒之後,努力把這個訊息傳

遞給其他人（如酗酒者、吸毒者、賭博者或暴飲暴食者），並在生活中全面實踐這些原則。

讓史努比陪你用十二步驟，克服人生難題

在互助團體中，常見的標語如下：

- 慢慢來！（Time takes Time）
- 保持冷靜！（Easy Does It）
- 相互尊重，彼此包容。（Live and Let Live）
- 活在當下，隨遇而安。（One Day at a Time）
- 越簡單越好！（Keep It Simple）
- 再來再來再來！有志者事竟成！（Keep Coming Back, It Works!）
- 放手交給神！（Let Go and Let God）
- 重要的事情要先做！（First Things First）
- 三思而後行！（Think, Think, Think）

而最常見的祈禱詞則是寧靜禱文（Serenity Prayer）：

「神啊，求祢賜給我平靜的心，去接受我無法改變的事；賜給我勇氣，去做我能改變的事；賜給我智慧，去分辨這兩者的不同。」

互助團體的目的，是協助個人導正對現實的錯誤認知、針對現實情況做出最佳調整、對自己做出準確的評價、擺脫性格缺陷，並幫助其他有類似問題的人。

當然，不是只有成癮者才會碰到生活上的各種問題。大家多少都有生活困擾，而當我們急於解決這些問題，常常會採取適得其反的行為和態度。

有些技巧的功效已經過實證，能克服最頑強的自我毀滅行為。透過這些技巧，或許就能有效解決生活中的困擾。何不看看生活中有哪些常見的問題，並試試看這十二步驟的原則能發揮多大效用？

幾年前，我在培訓精神科住院醫師時，發現搭配查爾斯・舒茲（Charles M. Schulz）筆下機智幽默的

四格漫畫，能更快速有效傳遞心理學的概念，所以出版了《好事即將發生》這本書。

　　現在，我想回到那個取之不盡、用之不竭的心理學世界，用《花生》漫畫人物的行為與互動，來介紹人類行為中常見的問題，並說明要如何透過前面提到的十二步驟，來盡可能緩解或消除這些問題。

Step 1

承認自己無能為力，
認清人生已經混亂失控

如果有人主動去找精神科醫師或心理師諮商，想解決生活中的問題，那其實已經向前跨出一大步了：他認清人生出現問題，也承認自己需要幫助。在他的人生當中，至少在某個領域，情況顯然已經變得一團亂、**無法掌控**。有到「顯然」那麼誇張嗎？當然有！如果情況不至於無法掌控，他就能自己解決。要是他能自己想辦法解決，又何必來尋求協助？

　　對很多人來說，要鉅細靡遺地描述自己的情況並不容易。就連向自己坦承生活已經失控脫序都辦不到了，又怎麼有辦法對其他人清楚訴說？我們通常會認為自己能掌控一切，大概是因為這樣想比較不會焦慮。就算針對某個問題尋求幫助，內心還是會覺得自己能掌控全局。當然了，這顯然是種矛盾狀態，而且也會成為求助路上的絆腳石。

　　很長一段時間，我搞不懂為什麼有些來找我解決特定問題的個案，總是否決我的建議。就算情況不斷惡化，還一直用那些根本不管用的老方法來應付。後來才發現他們陷入很深的內在衝突。一方面，他們生活中的某個面向變得一團亂，但另一方面，他們又沒辦法坦然

面對。

就算問題已經嚴重到無法自行解決,有些人還是不會向外求助,而是轉移注意力、告訴自己問題不存在。我們會將注意力放在別的事情上,希望問題會無緣無故自己消失。有時候那個困擾確實就這樣不見了,但通常問題不僅會留在原地,往往還變得更嚴重。

有些人會透過飲酒,或是某些能夠改變意念的藥物,來逃避問題。或者是沉迷於賭博、性愛,以及暴飲暴食等。這些逃避的管道或許能讓人暫時鬆一口氣,但問題還是沒解決。

人生中失控混亂的事情通常不只一件,整個生活都有可能陷入不可控的狀態,而我們還會做一些後果不堪設想的舉動來應對。但如果無法採取適當行動,現實終究會找上你。不幸的是,我們未必會找到正向積極的解決方式,而是逃避,完全不去修補對自己或他人造成的傷害。

奈勒斯一定覺得自己是個板式網球高手,但他的球技根本不怎麼樣。他堅持要去做一些自己完全不在行的事情,這就帶來不少困擾。家具東倒西歪、檯燈都翻了過去,花瓶碎片滿地都是。

奈勒斯接下來怎麼做?整個家亂成一團,他看起來非常惱怒。不過他沒有想辦法讓家中恢復原樣,而是抱著心愛的小被被蹲在原地吸手指,完全不管自己剛才搞破壞造成的混亂。

◗ 是什麼讓生活一團混亂？

生活之所以一團混亂，常是因為無法正確地認知現實。如果有條電線其實有通電，但拿的人以為沒通電，慘劇很快就會發生。要是有人賺的錢根本不夠溫飽，卻像個百萬富翁那樣花錢，沒過多久生活就會陷入困頓。所以說，一旦對現實產生誤解，人生就會變得一團亂。

不可思議的是，人其實常常誤解現實。多數人都是因為曲解現實，才需要向精神科醫師或心理師求助。以精神病患者的情況來看，這類誤解比較極端，例如出現妄想或幻覺。話雖如此，誤解現實的情況也深藏在生活中，而且破壞力一樣不容小覷。

比方說，如果人無法接受失去、失敗或是失望，就會產生棘手的問題。畢竟，一旦發生了不愉快的事情，又無法改變，唯一合理的應對方式是接受它，然後帶著這份接受繼續生活。如果試圖否認事實，或是靠酗酒、用藥、大吃大喝等放縱逃避行為來麻痺自己，後果只會更不堪設想。逃離現實無法改變事實，但我們卻時常欺騙自己，以為能靠這些逃避的小動作來解決問題。

史努比失戀了，心情鬱悶，查理・布朗建議牠應該把她給忘了。如果他指的「忘記」是「放下這件事、繼續過自己的人生」，那這確實是個好建議。不過，史努比卻把這個建議解讀成，牠應該想辦法把這件事「忘記」，才能繼續過原本的生活。

史努比不是靠酒精或藥物來忘記，而是靠暴飲暴食，很多人都是這樣。但是吃東西只能帶來短暫的安慰，所以史努比繼續吃。

史努比覺得自己的方法很管用。「成功了！我真的忘掉她了！」但牠沒發現一個矛盾的事情：如果你還清楚**知道**自己忘記了，就代表根本還沒忘。

史努比吃個不停，但問題還是在。牠最後只會越來越胖，以及繼續騙自己問題解決了。

吃東西、賭博、酒精、毒品、工作、性愛，不管是什麼都一樣。如果刻意、極端地去做某件事，想要藉此逃避現實，後果通常只會更糟。

如果你很討厭自己面對的狀況，同時又無法改變，就把過去的事留在過去，繼續把生活過好。唯有秉持這項原則，才能用正向積極的方式去因應現實。

我們有時未必能一眼看出最顯眼的事實。有些人生活遇上困難,是因為他們有各種負面的行為模式,懶惰就是其中一種。雖然他們知道自己碰到問題,還是沒辦法一眼就看出最明顯的事實。比方說,如果有人每天都睡到很晚,起床後又無所事事一直到下午,那他可能會很困惑自己為什麼事情都做不完。

Step 1　27

這種行為模式會讓生活變得一團亂，不然就是某個生活面向會徹底失控。為什麼不直接做些什麼來補救？因為我們根本不承認自己碰到了問題。搞不好別人都已經忙了一整個上午，我們才剛開始要做事，但這樣拖延的情況還是無法解決，因為我們不認為自己有這個問題。我們懶洋洋的，卻不願意承認自己懶惰。

　　查理・布朗的問題大家都看得出來。如果他想要繼續偷懶耍廢、坐在沙發上看電視，而不是起身完成作業，那事情永遠都做不完。但查理・布朗就是沒有意識到這點。他坐在電視機前，困惑到底哪裡出了問題。如果有機會，你搞不好會想告訴他，為什麼他事情總是做不完。道理相同，搞不好現在也有人想提點你什麼。只要你願意接受，或許就有辦法改正錯誤的行為模式。

　　大家都可以請值得信賴的親友給你客觀的建議！

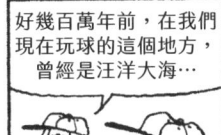

拒絕認清事情已經混亂失控,這就是所謂的**否認**。否認與說謊不同,否認代表當事人認為自己對現實的曲解才是對的。

大腦其實很擅長否認。舉例來說,我們可能會因為別人具有某些特質而加以批判,但那些特質我們自己也有,只是用別的方式來包裝,讓這些特質變得比較討喜。比方說:

我對自己的看法非常堅定,**你**是冥頑不靈。

我做事深思熟慮,行動之前會再三考慮。**你**則是個無藥可救的拖延症患者。

我很機智幽默,**你**則是滑稽可笑。

如果情況不是那麼嚴重,這種包裝其實還滿幽默的。我聽過這樣的說法:「我老公不是酒鬼,但我覺得他好像已經喝超過正常的量了。」或是:「我知道我女兒有時候會暴飲暴食,然後瘋狂餓肚子來控制體重,但

她沒有暴食症。」

這邊有個值得參考的準則：如果某件事**會造成**問題，那它本身就是個問題。騙自己說那不是問題，只會讓問題越來越嚴重。

什麼是合理化？合理化就是編出各種好聽的理由，而不去承認真正的原因。合理化是一種很普遍的心理機制。說起來，如果我們哪天不再自圓其說，隨之而來的一片死寂反而讓人難以忍受。

和別人溝通時，我們常會提出合理化的解釋，堂而皇之地說明為什麼自己做了或沒做某件事。但其實，我們也常常不自覺的，在心裡為自己找藉口。

我們會合理化或掩蓋某些事情。如果無法承認某件事，我們就會給出似是而非的理由，這樣就不需要面對現實。

但是，如果沒有認清真相，就無法採取必要行動來導正問題。為了改正錯誤，首先得要接受問題確實存在。換句話說，就是要承認事情變得**無法控制**。

露西很不會接球，不管是高飛球還是滾地球都接不到，但她**從來不**承認自己在這方面的不足。露西總會找藉口。如果她想要增進自己接球的能力，就得先承認自己在這方面糟得一塌糊塗。

　　有時候，人生或生活的某個面向會變得難以掌控，但我們會固執地拒絕改變，繼續緣木求魚。

　　大家都將這種行為模式稱為「害怕成功」。怎麼會有人害怕成功？寧願成功也不願失敗，這不是人之常情嗎？

　　其實是這樣的：雖然失敗讓人沮喪，但還有個可取之處。如果在做某件事情的時候失敗了，不會有人對你提出更多要求，你對自己的期望甚至也會降低。但假如成功了，大家可能會期待你拿出更棒的表現。

　　上壘會造成各種問題。你得先決定是否要跑上壘。如果上到二壘，可能要再試著上三壘甚至本壘。但只要三振出局，就不需要煩惱這些了。

緊張是人之常情。抱歉,各位,但這是事實。我們別無選擇,沒辦法說不緊張,就不緊張,畢竟緊張在所難免。唯一的選擇,就是如何**面對與處理**。

什麼情況會讓人緊張?答案其實因人而異。對某人來說,必須在緊要關頭做出抉擇時會感到緊張;對另一個人來說,思考要打哪條領帶或穿什麼衣服的時候,也有可能會產生難以忍受的緊張情緒。

只有兩種方式能解決緊張,第一是好好應對造成緊張的情況,第二是用某種方式來逃避問題。有些人靠喝酒、用藥或吸毒來逃避;有些人用暴飲暴食來解決問題。要是頭腦能清楚一點,就會發現答案其實很清楚:逃避永遠解決不了問題。

對史努比來說,等著看球掉在網子的哪一邊,這種狀況會讓牠緊張到受不了。牠的解決辦法是再吃一塊巧克力餅乾。

吃能解決問題嗎?根本沒辦法。緊張的情緒依然存在,而且還變得更讓人受不了。史努比恐怕還要再吃一塊餅乾來應付加劇的緊張情緒,然後再吃一塊、再吃一塊……

情況變得混亂無法控制,其中一定包含一大特徵,那就是「如果剛開始就失敗了,那乾脆放棄!」的態度。

某件事情失敗的時候,有兩種選擇。一種是繼續嘗試,另一種是馬上放棄。

對某些人來說,失敗已經成為一種生活方式。失敗對他們來說就像家常便飯,所以與成功相比,失敗其實是更理想的結果。成功對他們來說相當未知,而未知的東西常讓人恐懼。

有多次前科的累犯通常會拒絕接受輔導,因為雖然監獄生活算不上舒適,但對他來說至少是熟悉的環境。受父母虐待的孩子逃出原生家庭之後,往往還是會回到父母身邊,接受打罵處罰。畢竟,比起未知的事物,他們寧可忍受已知的痛苦。

可憐的查理・布朗，他好像做什麼事都沒辦法成功。而他的解決方式就是去擁抱失敗的哲學、對失敗越來越感興趣。既然不管怎麼樣都會失敗，那就好好享受吧。

但如果能了解自己的優點、承認自己的不足，並做出必要的改變，就真的能取得斐然的成果。話雖如此，習慣失敗可能更輕鬆些。

Step 2

相信有更崇高、強大的力量，能讓我們恢復理智

第二步是接在第一步之後唯一合理的發展。

假如我對生活的某個方面無能為力，如果人生必須改變，那我顯然不是有能力做出改變的人。畢竟，要是我有辦法，情況就不會像現在這樣失控，人生也不會亂成一團。

我常在想，為什麼有些人會在第二步驟碰到這麼多困難。說真的，如果是複雜的水電問題，例如比更換水龍頭裡的墊片更困難的狀況，我們都會馬上打電話請水電師傅來修理。在生活當中，有很多情況都會讓我們向能力更強者求助。那為什麼在遇到人生困擾時，卻不願意向更強大的力量求援？其中一個可能的解釋是，我們不期望自己能成為水管、電力等特定技術領域的專家，但期待自己是管理生活**各方面**的專家。可是，要是生活中的某些面向失控了要怎麼辦？意識到這點，並向外尋求協助，這又有什麼錯？

尋求精神科醫師、心理師或諮商師協助時，確實是在向外求援。但如果他們幫不上忙呢？那我們就必須另尋更崇高的力量。

如果你不喜歡**更崇高的力量**這個說法，也可以想像

這是一種互助團體。假如你有宗教信仰,那這個力量可以是上帝或神。

有些人聲稱自己不相信神,這種說法通常不太準確。他們**確實**相信有神存在,問題在於他們認為**自己**就是神。

如果我們認為自己是全能的,基本上就是把自己當成神,這樣當然就不可能會相信有更崇高的存在,因為我們不會侍奉**兩個**主。當我們真心接受、踏出第一步,承認自己並非全能也不是神,就比較容易把上蒼視為比我們本身更強大的力量。

所以請稍微思考一下第一步。如果你認真看待第一步,那前進到第二步就很理所當然了。

如果我們認為自己最偉大,自然就很難接受有比自身更偉大的力量存在。

我們通常認為謙卑是一種美德,是虔心修練、追求崇高理想時,不可或缺的特質。但其實,保持謙卑在日常也很重要。如果不承認自己能力有限,可能就會覺得

自己能取代醫師、律師、水電師傅，或者是會計師，然後人生很快就會陷入一團混亂。

我們大概都知道自己不是萬能的天才，否則不會去找醫師或汽車師傅幫忙。既然如此，當我們發現生活中的某些面向已經失控，為什麼還堅持自己擁有無窮智慧，能一把罩？

一點點謙卑，就能讓我們向外尋求非常必要的協助。

有位酗酒者描述自己多年來試著用各種方式控制人生,最後得到一個結論:只有更強大的力量才能讓他改過自新。他開始尋求上帝協助,但在一般人認為上帝會出沒的地方都找不到祂。

有一天,他被逐出家門,垂頭喪氣地在海邊散步。「我仰望天空,大喊:『如果祢在上面,請幫助我!』你知道嗎?上帝真的幫了我一把,我現在已經戒酒六年。」

不必說得太明確,甚至不用知道自己究竟要什麼。只要承認自己需要幫助,並提出請求就好。

有些人覺得宗教信仰是一種逃避。他們認為期待神來幫忙、把自己該做的事推給神,是很懶惰的心態。

這種想法其實嚴重誤解宗教。我們本來就該完成自己能力範圍所及的任何事。宗教並不會鼓勵大家坐在副駕駛座、請神來開車;宗教會請你坐在駕駛座,小心駕車,並透過禱告來請神保護你,讓你不要被亂開車的人撞上,避免遇上你無法控制的危險。

PEANUTS
10-2
親愛的安妮斯，
我喜歡妳在報紙上的諮詢專欄。
妳的某些建議我覺得很受用。
不過，我也不曉得自己到底有什麼事情想問妳。
妳直接給點建議吧！
SCHULZ

針對任何**超出**自己能力範圍的事，請上蒼幫助並不是懶惰。碰到這種事，你還能怎麼辦？瞎操心嗎？那又有什麼用呢？

如果家裡屋頂漏水，你能做的就是找人來修繕抓漏。萬一外頭滂沱大雨，地下室又沒做好防水工程，光是相信上帝對挪亞許下的承諾會應驗在你身上，那我只能說你是傻子。上帝從來就沒有答應不讓你家地下室淹水。

不過，如果你擔心整個世界要被水淹沒，那你打算怎麼辦？要去哪裡避難？

如果你確定自己對某件事情無能為力，還一心想憑一己之力去掌控局面，這是非常不理智的行為。這時候，第二步驟就能幫忙分擔大腦的工作量，讓你將自己的精力實際運用在你**能夠**操控的事情上。

可以做禮拜禱告的場所不勝枚舉：教堂、廟宇，以及清真寺等等。許多人趨之若鶩湧進這些場所，但多數

人離開時都和進去前沒什麼兩樣。

敬拜場所其實是個學習空間。我們應該要在敬拜時去尋求指引，學習如何恰如其分地生活、做正確的事，以及分辨善惡好壞。

如果一個人認為自己**已經知道**何謂善惡好壞，就根本不可能學會分辨好壞對錯。但若能意識到自己的局限以及錯誤，就能誠心尋求教導和指引。

> 我已經想到最完美的書名。

> 《你有沒有想過自己可能是錯的？》

史努比的書名確實很棒。畢竟，神學的前提就是，人類的心智與思考有局限、會犯錯，而且容易在壓力及慾望影響下，出現認知以及思考偏誤。

如果禮拜場所沒有對一個人的行為帶來改變，很有可能是那個人預設自己知道，怎麼做對神來說是最好的，然後就到禮拜場所去給神下指導棋。然而，如果能抱持開放心胸進到禮拜場所去，接受自己有可能是錯的，並祈求神的指引，就有可能得到正確的答案。

話說回來,那我們現在豈不是**瘋了**,才需要恢復理智嗎?我們真的陷入瘋狂了嗎?

換個角度想,如果我們是發自內心、做真正想做的事,那麼那些舉動其實非常有道理。假如有人拿槍相逼,逼我們做**不想做**的事,而我們也乖乖配合,那其實也很合情合理。假使沒人逼我們,我們又在做一些自己其實不想做的事,那就說不過去了。沒辦法合理解釋自己的行為,才叫「瘋狂」吧?

如果你發現無法控制自己的意志力、做了不想做的事,那你需要更崇高的力量,來協助你停止做無意義的事。**這**才是恢復理智。

Step 3

決定將個人意志和生命，
託付給自己所理解的上蒼

第三步有個陷阱。讓自己全然接受「上蒼」的概念，有可能會使你對宗教產生一些奇怪的觀念。

　　在許多宗教中，除了基本要素和原則，也有一些裝飾性的東西存在。這就跟房子一樣，如果裡頭沒有油漆、壁紙等美化外觀的部分，那就不算是一間完整的房子。宗教也是如此，如果少了一些具有吸引力、提供樂趣的成分，那就不是真正完整的宗教。不過，只有傻子才會在沒有地基和牆壁的情況下，用紙板蓋房子。談論宗教時，我們也不會只專注於裝飾，忽略最重要的基本概念。

假如對自己的生活方式不滿意，考慮把生活託付給上蒼，就要小心不要局限了自己對祂的想像和理解。

在生活的許多領域，我們都會閱讀說明書，從專家那裡得到指示。如果對汽車引擎的組裝以及運作方式一無所知，還試著要改動引擎來讓車子跑得更順暢，肯定會碰到比原本更嚴重的問題。

如果在修理引擎時願意接受專家建議，為何在人生方面又這麼猶豫、不願坦然接受專家指引？

對人類來說，生命中最困難的挑戰，就是接受上蒼比我們更有智慧。當很多不必要、甚至是不公平的事情出現在生命中，我們不禁會懷疑為什麼至高無上、具有無比智慧的神，會允許這些事發生。人類能透過意志，去決定要做對的或錯的事情，所以人類行為釀成的悲劇都其來有自。但當我們看見洪水、地震、饑荒等自然災害造成的痛苦與慘劇時，可能會問：「為什麼？為什麼神允許這些事發生？」

不是只有一般人會問這種問題，最偉大的神學家和哲學家也曾苦思「為何好人會碰到壞事？」但始終沒有人能給出令人信服的答案。有些人覺得這個問題實在太惱人，甚至否認神的存在。不過，有句箴言是：如果神存在，人類痛苦就沒有意義；如果神不存在，**一切**都沒有意義。

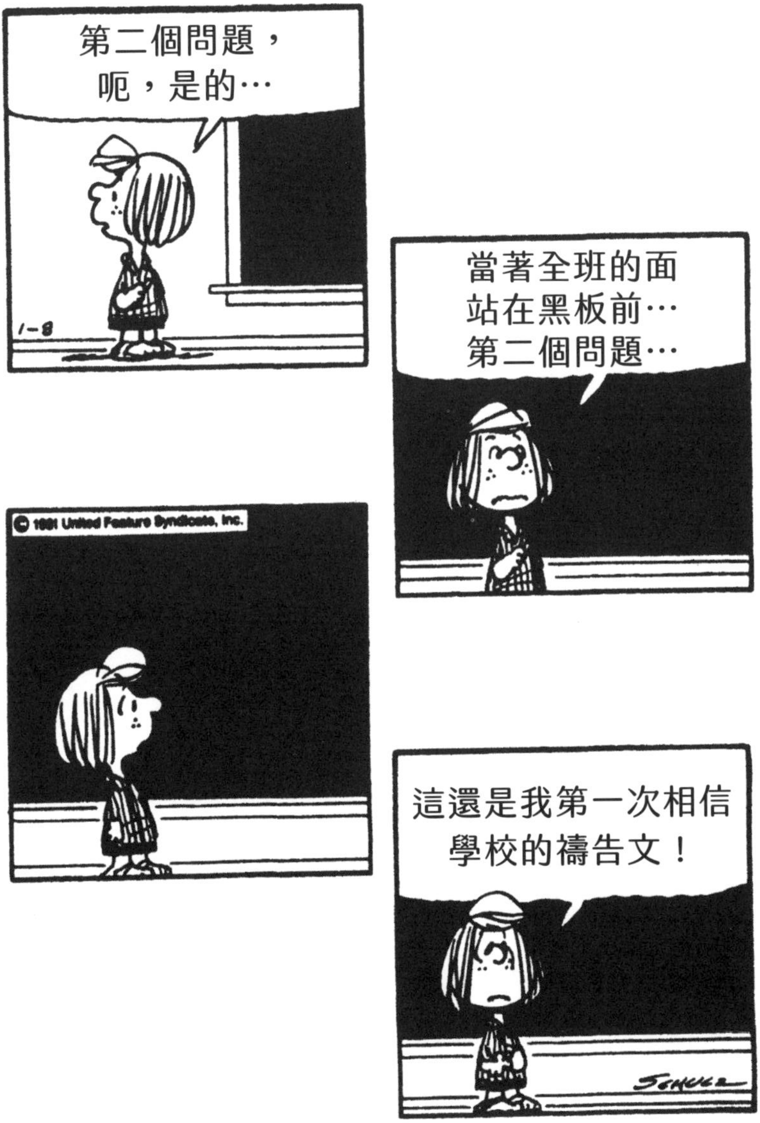
第二個問題，
呃，是的…
當著全班的面
站在黑板前…
第二個問題…
這還是我第一次相信
學校的禱告文！

20 世紀中葉的科學與哲學啟蒙，帶動了「上帝已死」的觀念。由於一切都在人類的掌控之中，所以不需要任何至高無上的存在。

但人類的全能往往倏忽即逝。外在境遇或許會讓一個人意識到，儘管自己擁有科學方面的才能和成就，基本上還是相對無能的。散兵坑裡沒有無神論者，面對極大的壓力與困境，我們自然會從超凡的力量當中尋求慰藉。

如果覺得生活完全操之在己，就不會願意接受上帝的存在。相反的，當你能做到前兩個步驟，自然就會進展到第三步。

將人生託付給上蒼，或許沒那麼容易。即便對於相信神是至高存在的人來說，也是如此。許多對我們來說非常重要的事，對如此偉大的神來說可能很微不足道。宇宙有數十億光年之寬廣。與數十億顆恆星相比，太陽

也會相形見絀。在如此廣袤的天體當中,地球是如此渺小,小到連一個微不足道的小點都稱不上。既然如此,把生命交託給一個管理如此龐大星系的無上存在,這有道理嗎?

答案是,相對於無限,小和大同樣重要,也同樣不重要。無限除以 0.00001 或 100 萬得到的結果是一樣的。

不管事情是極大還是極小,只要是至高無上的神在意、關心的事,那其實都沒什麼差別。假設神無所不知、無所不能、無所不在,也確實對某些事情感興趣,那祂對最微小的人類議題和最偉大的宇宙事件,都會給予同等程度的關注,這項推論很有道理。所以,將自己的人生交託給上蒼也非常合理。

許多人會在第三步碰到困難。雖然他們知道自己把人生過得一團糟,唯一的出路是將自己和生命託付給上蒼,但還是會擔心害怕。如果神所要的與**他們**想要的不一樣該怎麼辦?

如果有這樣的想法，就代表內心其實還沒真正接受令人難堪的結局：恣意妄為的行為已經將人生毀掉，卻還是堅持「我要得到自己想要的，我想要一個能滿足我願望的神」。這時就要回到第一步和第二步，認清「自己的慾望其實錯得離譜」。只有接受這個事實，才有辦

法邁向第三步。

意識到自己禱告的事物真的有可能實現之前,我們都會覺得禱告的內容聽起來很天真。

談論價值觀時,我們常常只是紙上談兵,卻沒有付諸實踐。其實,應該要祈求上蒼的指引,並且對自己擁護的理念有足夠的信心,相信自己能夠真正實現。即便實現理想有可能會讓我們失去一些內心渴望的事物,也在所不惜。

我們託付生命的上蒼,一定會關心、理解、看顧我們,並且引導我們找到終極幸福。祂非常貼近個人。

興辦宗教信仰場所時,無論是教堂、猶太會堂或宗教學校,都會在營運上碰到問題。畢竟,場所的興建以及運作都需要資金,工作人員或神職人員也需要領取薪水。

宗教機構的運作需要金錢,這可能會讓宗教看起來有些商業化。

許多優秀、盡忠職守的宗教機構真的對信徒非常關

懷呵護。遺憾的是，也有一些人為了滿足私慾，會假借宗教名義行不公不義之事。

不要讓那些心術不正、不擇手段的人，讓我們一竿子打翻宗教。只要仔細尋找，應能找到真正的信仰。

在這十二步驟計畫當中,其實能發現大家會對其他人的宗教信仰越來越包容,這項觀察實在很讓人感動。無論是天主教徒和猶太教徒、新教徒和伊斯蘭教徒、無神論者或是佛教徒,大家都必須學會接納他人的信仰。

回顧世界歷史,會發現許多人類的折磨與痛苦,是某些族群不願意包容他人的宗教信仰所造成。這些歷史事件實在讓人痛心。

「信我的宗教,否則就會被驅逐或殺害。」這種心態多麼愚蠢!

小孩聊天時都會說:「我爸比你爸厲害!」身為成年人的我們,如果心態上能真的成長,也讓其他人以自己的父親為榮,這樣不是更美好嗎?

6月
21
愛你的
兒子
我爸的信用卡
比你爸多！
應該
是吧…
我爸的高爾夫球
打得比你爸遠。
我知道，
我爸還沒辦法把
球打出發球區。
我爸的保齡球技
術也比你爸好。
我也知道，
我爸還沒學會怎麼樣
把球舉起來。
我爸
的…
等等，先別說了，
跟我來，想讓妳看個東西。
妳看，這是我爸開的理髮店。
他在裡面工作一整天，要應付各式
各樣的客人，有些人脾氣還很差。
但妳知道嗎…
理髮店
不管我什麼時候進去、不管他多忙，他都會
停下來給我大大的微笑…妳知道為什麼嗎？
因為他喜歡我，就這麼簡單！
6-21
父親節快樂啦，
查理．布朗…
謝謝，也幫我祝
妳爸父親節…
SCHULZ

范蕾特跟露西一樣,都用一種優越的高姿態,來捍衛脆弱的自尊。她把這種心態套用在父親上,覺得自己的爸爸一定比其他人的爸爸更偉大。

查理·布朗並沒有因此受到威脅。他有一個好爸爸,也知道爸爸愛他、照顧他,這才是最重要的。但假如我們發現父親身上有些不完美的地方該怎麼辦?

要是查理·布朗挑戰范蕾特的說法,聖戰就會一觸即發。不過查理·布朗的回答完全讓范蕾特卸下心防,最後不得不承認他們的爸爸都很棒。

我們可以有一位自己所理解的神,其他人當然也能擁有他們所理解的神。

酗酒的人趁清醒時檢視自己的人生,可能會意識到酗酒造成的問題,以及對生活的負面影響。但如果問題的罪魁禍首不是酒精,事實就沒那麼顯而易見。慢慢戒掉酒癮的酗酒者可能會說,自己在喝酒的時候,行為就

像是「自我意志暴走」。我們可以借用這個說法，看看自己在生活中碰到的一些問題（即便與酒精無關），是否也可能是「自我意志暴走」所致。

有時我們很難在自己身上意識到這點，但環顧四周反而就能清楚察覺：有些國家資源豐厚，許多民眾卻一貧如洗；許多人因為吸毒和酗酒把人生毀了，犯罪猖獗到監獄容量爆滿、裝不下所有罪犯。在我們的國界之外，流血衝突幾乎隨處可見。如果這不是「自我意志暴走」，那又是什麼？

若能將自己的意志放在一邊，世界會變成什麼樣子？人類歷史顯示，這個目標只是個幻想，是一廂情願的想法。

但是，如果難以約束整個世界或國家的意志，那何不從單位更小的家庭，甚至是個人著手？

PEANUTS
你是不是覺得當個平凡人就夠了？
不夠，根本**不夠**！
如果大家都選擇當個平凡人，世界現在會是什麼樣子？
那世界**現在**又是什麼樣子？

Step 4

勇敢探究、檢視自己的品格

藉由戒酒無名會成功戒酒的人非常幸運,因為他們必須好好檢視自己的行為以及人格。多數人終其一生不一定會做這件事,因為沒有任何情況逼迫他們非這麼做不可。

　　然而,戒酒只是人生重建的一部分而已。問題不在於酒精,而是**負面的行為模式**。停止飲酒之後,負面行為模式可能還在,要等到徹底根除才算大功告成。

　　如果一個人要做的不僅是戒酒,那負面行為模式包含的就是所有必須要導正的不當行為。沒有酗酒問題的人也可能會有其他不當行為,所以同樣需要設法克服。

　　負面行為模式涵蓋的基本上是人類的七宗罪:驕傲、貪婪、淫慾、憤怒、貪食、嫉妒和懶惰。不管有沒有酗酒,這些罪過都會對生活造成嚴重破壞。驕傲指的是毫無來由的傲氣,還有一心要替自己辯解,以及無法承認錯誤。這七種特質環環相扣,因為驕傲通常會導致憤怒。自視甚高的人常感到憤怒,因為他會覺得自己沒有得到應得的東西。他可能會將許多無傷大雅的小事當成侮辱。驕傲恐怕會激起貪婪與嫉妒的心態,因為他可能會認為,自己應得的比實際擁有的還要多。在這七種

特質當中，有些會在過度放縱時帶來破壞。比方說，適度飲食能提供身體所需的營養，但攝取超出身體所需的食物就是暴食；適當的性行為是健康的，耽溺性愛則是淫慾。

要如何知道自己的行為到底是健康還是過當？唯一方法是坐下來好好檢視自己，可以用紙筆寫下自己做了什麼，以及用什麼方式去做。這可能會很繁瑣累人，大家可能會想拖延或避免做這件事，但該做的終究得做。想改善生活品質，一定要勇敢檢視自己的品行。

仔細檢視生活中會造成困擾的面向，可能會發現這些困擾是由其中一個或多個負面特質造成。

意識到自己出錯，是一件令人痛苦的事。就像我們會試著避開身體上的疼痛那樣，人類心理通常會盡可能避免情緒上的痛苦，所以我們傾向將自身行為合理化，並為自己的一言一行辯解。事情出錯時，我們將責任推到別人身上。「合理化」以及「推託」這兩種心理防禦策略，使我們無法承認自己的缺點，因而無法採取必要手段來克服。唯有仔細審視自己的言行舉止，才有辦法破除那些無法帶來幸福快樂的人格特質。

犯錯不是一次性的事件。人本來就會做錯事,也很容易出錯。所以不能只檢視一次個人性格與行為,應該定期(至少每年一次)、徹底、確實檢視自己的性格與行為。

沒來由的驕傲會成為絆腳石。每個人都有不完美的地方，而與生俱來的性情與特質，也會影響行為。一旦能減少負面特質，並且改掉不好的習性，養成好的人格特質，這就是成長與成熟的真諦。

沒錯，天生脾氣暴躁、愛生氣，是有辦法改變的。你可以學習如何擁有好脾氣，試著培養出更和氣友善的性格。

但如果不努力改善自己的缺點，同時又發現別人不喜歡你，就很容易產生沒來由的傲氣，開始認為別人是在嫉妒你。

勇敢誠實地檢視自己，仔細看看自己有哪些缺失與負面特質，就能將不討喜的人格特質改正過來。如果沒做到這點，我們會變得非常傲慢，甚至會把親朋好友都逼走。

任何形式的拒絕都讓人痛苦。如果出版社認為我們的手稿沒有出版價值，我們會覺得很受傷；追求的對象不覺得我們有哪裡好的時候，內心會覺得被刺傷；僱主認為我們工作能力不足，我們也會難過。

比較有建設性的做法，是用中立客觀的方式仔細分析自己。想一想，「有哪些事情是我該做但沒做的？」

露西喜歡謝勒德，但謝勒德對她一點感覺也沒有。

謝勒德的初戀是音樂，但露西常把貝多芬跟華盛頓的半身像搞混、搞不清楚交響曲的調分成哪幾種，卻還不曉得為什麼謝勒德對她不感興趣。

露西並沒有試著改善自己的缺點來博得謝勒德的好感，反而喋喋不休談論她覺得自己有哪些優點，甚至批評謝勒德沒有欣賞她的優點。

仔細檢視自己的行為與性格，真的能讓我們看見自己的不足並加以改正。

據說有一位女士曾責備諾亞・韋伯斯特（Noah Webster）在字典裡收錄髒話。「那是妳自己要去查的，女士。」韋伯斯特冷靜回應。

責怪他人和推卸責任很容易。這位女士顯然特地去翻字典查那些下流的字眼，但她並沒有因為想到這些字眼而批評自己，而是去責怪別人把這個字收進字典裡。

New Hamster ✓
Coral See ✓
Daffnee & Kloey ✓
1614 ✓
1902 ✓
Gregory XCM ✓
See Odder ✓
天啊！
是的，老師，我 50 題都答錯了。
1-24
但我不覺得這是我的錯…
昨天晚上的電視節目我不想錯過，然後又讀了一下報紙的運動版。
© 1982 United Feature Syndicate Inc
還聽了每天晚上都會聽的廣播訪談節目…
昨天也收到兩本雜誌…
都是那些媒體的錯！
Schulz

面對考試結果不理想,佩蒂的說法是:

「都是電視、報紙、收音機、雜誌讓我分心。」

相反的,如果能勇敢檢視自己的缺點:

「我跑去看電視而沒讀書。」

「我把時間拿去聽廣播節目而不是讀書。」

「我花時間看報紙運動版跟雜誌,而不是念書。」

一旦能替自己的行為負責,就有機會改正錯誤。萬一只會責怪他人,那就是把改變的責任推得一乾二淨。如此一來,唯有等到其他人不再做任何有害的行為,你的生活品質才會改善。

佩蒂要等到廣播、電視、報紙和雜誌業都消失之後,成績才會進步。

祝妳好運,佩蒂。

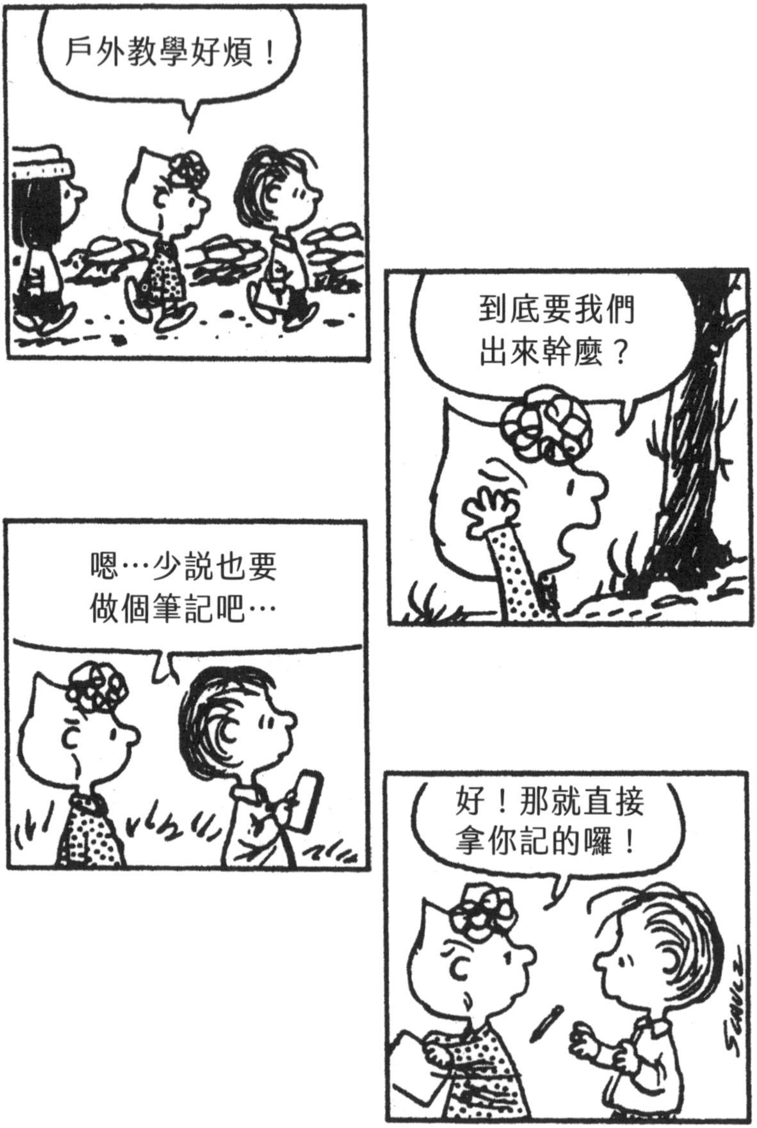
戶外教學好煩！
到底要我們出來幹麼？
嗯…少說也要做個筆記吧…
好！那就直接拿你記的囉！

對某些人來說，檢視品格似乎不難，但他們檢討的是別人的品行而不是自己的。第四步要求我們**勇敢**檢視品格。這裡指的當然是自身的品行，檢討別人的缺失時本來就不需要勇氣。

　　或許可以把人生想像成一次「戶外教學」。我們來到這裡觀察周遭的一切，並從所觀察到的事物中學習，以便實際運用。

　　有些人寧願浪費時間觀察別人，費盡唇舌給別人建議、告訴別人怎麼做比較好，而不是觀察自己、讓自己往更好的方向去。

　　雖然戶外教學通常很輕鬆愉快，但其中的主要功能還是教育。生活也可以輕鬆愉快，但生活的終極功能是**自我**提升。

　　所謂**勇敢檢視**就是鼓起勇氣面對考驗。而大家之所以會抗拒或害怕做這件事，有兩種可能。這兩種可能性

雖然相互矛盾，卻又會在一個人身上共存，實在很奇妙。

第一種可能性，是害怕發現自己未曾察覺的正面特質。為什麼會害怕？因為有做一件事情的能力，隨之而來的就是做那件事的責任，不能退縮說「我做不到」。

第二種可能性，是害怕發現自己沒那麼「聰明」，沒辦法做到該做或想做的事。但這種「自己不夠好」的感覺通常毫無根據，而且是來自扭曲的自我認知。

客觀來看，我們知道查理・布朗很討喜可愛。如果查理・布朗常常失敗，那是因為他不夠有自信。當然，讓露西當他的心理諮商師根本沒有用，因為露西都是靠打擊身旁的人，來提振自己微弱的自尊心。

　　重點是，不要害怕去檢視自己。你的人生推車裡，一定有超過六樣商品，所以不要去排快速結帳通道，那是給購買少量商品和趕時間的顧客。如果有人說你不夠好，那是因為他們企圖藉由貶低你，來抬高自己。

如果想在人生中做出有建設性的改變，就應該從根本的檢視開始。在不曉得自己已經擁有什麼和需要什麼的情況下，去買菜實在很傻。你可能會買六罐蕃茄罐頭回家，卻發現櫃子裡面已經有二十罐，但已經喝完的牛奶卻沒有補貨。

　　檢視食品雜貨的存量是件小事，檢視個人的人格特質卻非常困難。我們可能會發現自己努力想忘記的東西一直還在，重要的事物卻始終不見蹤影。碰到困難重重的任務，必須鼓起勇氣和力量去完成，否則一有挫折感就會拍拍屁股走人。

順帶一提，我們也常常做一些不必要的假設。舉例來說，奈勒斯說不定對露西這個姊姊**以及**她這個人，都有好話可說。為什麼露西覺得弟弟對她的評價一定是負面的？

稍微盤點一下過去二十年來堆積在閣樓上的東西，應該會發現早就該丟的無用垃圾，也有可能找到許多忘在那裡的好物，甚至是很有價值的古董。

我們這輩子會累積不少物品。或許有很多愉快的回憶，有不少讓人引以為傲的好東西。如果仔細尋找、把灰塵擦掉，應該可以重新拿出來好好回味。問題是，這些好物藏在一堆我們寧可忘記的事物當中。所以，我們永遠沒辦法把好的東西找出來，因為那些壞的東西讓人

退避三舍。

　　因此，務必勇敢大膽地盤點審視。如果真的想要改變，「檢視自己」是先決條件。

　　有些人試著檢視自己的性格特質時，會發現到頭來根本沒什麼收穫。他們不明白，為什麼自己沒辦法促進人格的發展。

　　有天晚上，有人在街角看到一個男孩趴在地上找東西。

　　「你是不是掉了什麼東西？」他問。

　　「對。」男孩指著半個街區外的方向說：「我在那邊掉了50美分。」

　　「那你幹麼在這裡找？」

　　「這邊光線比較好！」

　　閃避不愉快或讓人不適的事物，是人類的本能。如果某個地方看起來沒那麼明亮舒適，我們會本能性地迴避，轉而到其他地方尋找。

> 挖掘稀有的埃及硬幣真的很刺激…
>
> 如果找到對的硬幣,就能發大財!
>
> 重點是,要有耐心跟信心。
>
> 當然啦,如果你發現自己找錯地方了,那就…

但遺憾的是,我們可能會浪費大量時間和精力,最後卻徒勞無功。如果你到錯誤的沙漠區域挖掘埃及硬幣,許多信心與耐心就這樣白白浪費了。

要是你發現自己比較喜歡選輕鬆的路走,傾向到光線充足的地方找東西,而不是在把東西搞丟的那個場所尋找,那搞不好去請教真正了解你的人,讓他指引你到

對的地方去探詢,才是正確的做法。

許多情緒障礙,而且搞不好是多數情緒障礙,都是因為對自己懷抱不必要的負面感受所致。我在《喜歡自己,別人就會喜歡你》(*Like Yourself and Others Will, Too*)當中,就談過這個主題。

對自己沒自信的人(無論他的想法錯得多離譜,對他來說都是真的),會根據自己所認知的現實來行動。如果內心覺得沒人喜歡自己,那又何必努力交朋友?假如覺得自己肯定會被拒絕,又何必開口提出邀約?

> 我討厭自己這麼膽小,沒有勇氣去找她說話!
>
> 這麼說其實不太對…我還有一大堆討厭自己的理由。

　　查理・布朗不相信紅髮小女孩有可能會喜歡他。他避免和她接觸,然後才意識到自己是因為沒自信而閃避她。現在他又多了一個討厭自己的理由了:沒辦法鼓起勇氣做自己想做的事。這個例子就完美說明負面自我認知,會在惡性循環中越來越根深柢固。

　　檢視自己的性格缺陷,是建立精確自我意識的第一步。第四步驟的結果必須交給中立的旁人來評估,才能得到客觀的回饋(第五步)。這樣就能意識到我們的自我認知錯得多離譜、對自己其實太嚴苛。

Step 5

對上蒼、自己以及其他人，坦承我們有哪些缺點

在第四步當中,我們盡量誠實地評斷自己。而來到第五步,就要向上蒼以及他人,承認自己的缺點與過失,分享自評的結果。向上蒼坦白這部分比較單純,不需要來回討論很久。另一方面,我們也常常是在獨處時,向上蒼坦示一切,所以不會有太大的問題。比較困難的,是與他人分享內心深處的祕密。

許多酗酒者面對的情緒問題,其實也出現在非酗酒者上。一位戒酒超過二十五年的醫師說:「我17歲第一次喝酒,27歲才開始喝得很兇。但我記得9歲時,我就覺得自己跟別人不太一樣。我認為自己跟其他孩子不同。當我走進滿是人的房間,會有一種孤立、找不到歸屬的感覺。」

這種孤立、缺乏歸屬感的心情,早在開始酗酒之前就已經出現,而不是酗酒的後果。這種孤立感一樣會出現在沒喝酒的人身上,同時也是造成人際關係困擾的原因。

人類是群居動物,除了極少數例外,我們都渴望與他人相伴。當一個人脫離群體、不與人互動,並不是因為他不希望別人陪伴,而是他覺得格格不入。他認為大

家不想要他的陪伴,還會否定他。所以,他避免與人接觸,這樣就不用面對被排斥的痛苦。

然而，只要意識到，自己其實沒有想像中那麼與眾不同，每個人都會有七情六慾等讓人感到不自在的情緒，就能體會到深刻的解脫。當我們將深埋內心的想法與感受講出來，並且指出這是生命中避之唯恐不及的祕密時，會發生兩件事。第一，單純談論這些事情就能將其化解，消除心靈深處醞釀多年，所誇大出來的想法。第二，與他人分享這些感受和想法，會發現自己並不孤單。其他人能夠從這些想法和感受當中成長，我們一樣可以。

　　與他人分享自我評估的結果，還有另一個好處。首先要知道，充滿情緒的想法和感受通常是扭曲的。有情緒的時候，意念與思維不可能客觀，所以需要不受個人情緒影響的旁人，來提供不一樣、持平的觀點，讓我們從不同角度來看待事物。

　　第五步非常重要。如果能常常這麼做，也能省下不少錢。或許就不用花那麼多錢，請心理治療師聽你傾訴了。

　　遵循這十二個步驟，能協助我們改善人格特質。即便意識到自己的行為不太恰當，並且真的停止那些行

為，還是有可能會保留某些不太適切的人格特質。例如，即便酗酒者停止酗酒，如果沒有做任何事情來改變性格，就有可能變得非常孤僻，因為他以前是靠酒精來與人互動。

所以，這套步驟不僅是用來改變外在行為，同時也能讓你對自己更有安全感，建立正面積極的認知。

為什麼在第四步檢視自己的性格缺失之後，還需要在第五步向上蒼與他人坦誠分享？這是因為性格缺陷有時明顯到根本無法忽略，但我們很容易將它們理解為美德而不是缺失。

有些人很會說謊，或者是能在不被戳破的情況下招搖撞騙，所以他們覺得自己很了不起。因為一直得手，他們會看不清楚自己行為的本質，以為這些缺點與過錯是值得驕傲的優點。

所以才需要在客觀的旁人面前進行自我評估。因為在旁邊觀察的他人，能協助我們破除自我欺騙的假象。

乒乓不否認自己很邋遢。但因為他有個很怪的癖好，就是在泥巴堆裡面滾來滾去，所以他覺得邋邋骯髒很帥氣，不覺得這有哪裡惹人厭。

當然，拿鏡子給乒乓照是沒有用的。他早就知道自己很髒，而且還覺得髒兮兮的很迷人。

如果值得信任且尊敬的人能提供不同觀點，我們也許就能認清自己的真面目。

D-
妳全部答錯。
真的嗎？
長官，妳昨晚是不是沒念書？
沒有，我看一整晚的電視。我想說要早點起床，早餐前惡補一下，但又睡過頭。
每次都這樣…
© 1982 United Feature Syndicate Inc.
9-26
哎！
為什麼我總是學不會教訓？
應該是缺乏後見之明吧。
SCHULZ

我們可能都低估了內心的防禦力量有多麼強大。如果意識到某件事情會讓自己不舒服，心理機制就會想出巧妙的理由來阻止大腦意識到這件事。

　　避免去意識某件事，就是所謂的**否認**。這是普遍會出現在酗酒者身上的現象，但在許多情況下也很常見。

　　佩蒂的問題是念書不夠認真。她沒有把精力放在課業上，而是猛看電視，還睡過頭。她不僅荒廢課業，還常在課堂上打瞌睡。

　　雖然這種情況已經發生很多次，佩蒂也知道這樣不對，但她依然重複這種行為，而且沒有從錯誤中學習。她把這歸咎於「缺乏後見之明」。不過，真正的原因當然是她沒有真心想糾正錯誤。佩蒂還是想要熬夜看電視。

　　如果瑪西在佩蒂身邊陪她進行第五步，就會說：「沒有，佩蒂，妳不是缺乏後見之明，妳只是想要繼續看電視。妳必須做決定。看是要繼續看電視還是拿好成績。魚與熊掌不能兼得，妳要哪一個？」

有時候，只要事實準確呈現眼前，我們就能做出正確的選擇。

孤立其實非常難熬。但我們寧願遠離人群、不願與人互動，因為深怕自己會被拒絕。

這種恐懼究竟是怎麼形成的，答案並不是非常清楚。有些人表面上在看似正常的家庭中長大，物質生活與情感方面都不虞匱乏，但他們還是有可能會對自己產生負面的認知，覺得自己不討喜。

有這種感覺已經很糟了，但不採取任何行動會更慘。

> 傻傻一個人站在這裡，這就是寂寞的原因…

　　查理・布朗意識到兩件事。第一是他很寂寞，第二是獨自站在雨中會更寂寞。現在他需要採取行動來克服這種寂寞。第五步是克服寂寞的開始。只要與他人分享，就能更了解自己，也能發現「害怕被拒絕」的情緒一點根據也沒有。

　　如果你有在經營生意，想必會用某種方式來記帳。進行交易時，通常會有收入和支出。如果沒有好好紀錄收支，就沒辦法搞清楚自己到底有沒有賺錢。此外，這樣也無法分辨哪些業務有在賺錢，可以進一步發展擴大，而哪些業務持續虧損，應該趕快止血。

我們對生意和事業投入這麼多心力，對個人生活卻如此漠不關心，這點實在不可思議。個人生活中同樣也有「營收」和「虧損」。

人這一輩子的目標，應該是鍛鍊發展自己的品格，然後成為更好的人。我們所做的行為當中，有些有助於達成這個目標，有些則會成為絆腳石。如果沒有確實的記帳系統，要怎麼知道自己的方向是否正確，以及哪些事情對終極目標有益或有害？

有句話說，經驗是非常嚴格的老師，但只有傻瓜才會透過經驗來學習。這實在錯得離譜。智者也會從經驗中學習，而傻瓜是那些**不**從經驗中學習的人。有些事情我們確實輕輕鬆鬆就能學會，但如果沒有經歷艱辛的過程，很多事是學不會的。當我們還是嬰兒，父母會警告不要碰熱鍋子，但光說其實沒什麼用。只有真的去摸了滾燙的鍋子，發現手很痛，才會知道熱鍋不能碰。我們一輩子都在用這種方式學習。

我們都不完美，也都會犯錯。只要不去忽視自己的錯誤，並能承認錯誤且從中學習，就能在性格上有所成長。

我想要列出我在人生中學到的所有事情。

其實，我列了兩張清單。

為什麼這張比另一張還要長？

這張清單裡面的事情，是我付出慘痛代價才學到的！

人類心智真的很迷人。就好比人體有自然的防禦機制，來抵擋疾病等可能危害健康的事物，心智一樣有很多防衛技巧，來保護我們不要承受心理和情緒方面的痛苦。問題在於，這些防禦措施實際上有可能不利於人格發展。例如，阻止我們承認自己的錯誤。假使發生這種情況，我們很容易會重蹈覆轍，要等到情況嚴重到無法再自欺欺人，才願意面對。可是，這種學習方式代價太高，如果有更輕鬆簡單的方法不是更好嗎？

一旦發現自己不太容易覺察自身的過失，可以找別人從旁觀察，提醒我們注意自己的缺陷。這種人才是真正的朋友。

常對我們講好聽話的人，或許是相處起來很愉快的夥伴，但他們對於我們的品格成長貢獻不多。相反的，提供真誠、建設性批評的人，才是真正的朋友。

當然，我們也要有開闊的心胸，能接受建設性的批評。如果一味反擊那些給予實質批評的人，他們會乾脆閉嘴不說，到時身邊就只剩那些整天只會拍馬屁、講好

聽話的人了。

假設有某些批評你的人其實懷抱惡意。他們並不是為了你好而出言批評，只是想傷害你。他們總是專攻你的弱點或缺點，有可能是想惡意詆毀你，或者是讓你尷尬、激怒你⋯⋯

如果是這樣，就不必像查理・布朗一樣，欣賞欺負他的人的正直了。你的憤怒或許是有道理的。但是，等一下！這些壞人搞不好連你最微小的缺陷都能看得出來，而且比你朋友更能看出你的問題點。所以，正如宗教格言所述，「當仇敵起身責備我時，我洗耳恭聽。」雖然滿肚子氣，還是好好傾聽吧！

不必欣賞討厭鬼的正直，聽就對了。

假如你有意指出朋友應該改正的地方，真心想提出有建設性的建議和批評。起初，他可能會因為聽到你的批評而惱怒。不過，如果你是出於一片好心，他會放下最初的不悅與反抗，回過頭來感謝你。重點是，指出他人的過失與錯誤時，還是要察言觀色才行。

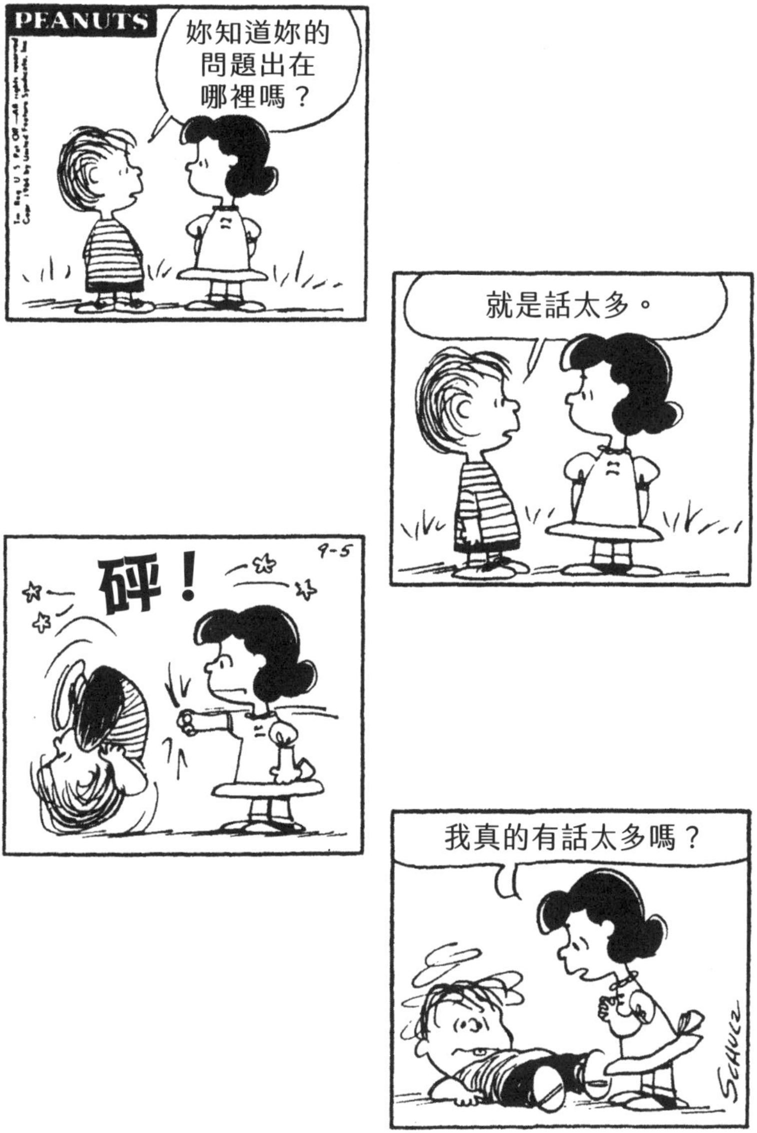
PEANUTS
妳知道妳的問題出在哪裡嗎？
就是話太多。
9-5
砰！
我真的有話太多嗎？
SCHULZ

Step 6

完全準備好，
讓上蒼來消除自身所有人格缺憾

所有認識酗酒者的人，都會對於他們成功戒酒感到驚訝，甚至讚嘆連連。有些人接連二、三十年都沒辦法戒掉殺傷力極大的酗酒行為。沒有任何事情能夠阻止他們喝酒，不管是失業、妻離子散、坐牢、抽搐痙攣，甚至是危及性命的大出血都沒辦法。這種人就像被惡魔附身一般瘋狂飲酒。

　　然後，突然發生一件事，沒人曉得到底是什麼事，酗酒者不僅完全戒酒，還說他們已經沒有任何喝酒的慾望。對酒精的慾望瞬間消失。主宰他們數十年的瘋狂慾望就這樣不復存在。怎麼會這樣？如果要他們給點解釋，他們可能會說：「有一天我太絕望了，就向（我從來就不信的）上帝呼救說：『如果祢真的存在，請幫助我！幫我解除這個詛咒。』然後祂就真的幫了。」

　　如果你跟我一樣，和許多酗酒者打過交道，應該也很難找到其他解釋。只有上蒼的介入才能解釋這些奇蹟。

　　這是怎麼發生的？只要一個人完全準備好，讓上蒼消除他的缺陷與過失，這樣的奇蹟就會發生。關鍵在於要「**完全準備好**」。

如果這個方法成功應驗在酒精成癮上,那對其他問題也有效嗎?真的有辦法擺脫其他問題或困擾嗎?我相信可以,但必須完全做好準備。沒有任何但書或條件。這代表我們真的有辦法做到盡善盡美嗎?坦白說,是可以的,但也不需要想太多。畢竟,沒有人能準備好,成為無瑕的完人。性格當中一定還是會有某部分的不完美,這樣才算是正常人。即便有人想在我們身上貼「聖人」的標籤,多數人大概都會惶恐拒絕。

不過,即便保留一定程度的不完美、繼續當個正常人,還是能利用第六步來擺脫一些造成困擾的事。大家其實都知道,我們是有辦法改掉長久以來的惡習或不良行為,甚至不會再像以前那樣受到誘惑。只是要完全做好準備,而且只做好 99.9% 的準備還不夠,百分之百才行。完全準備好讓自己擺脫令人反感的習慣或特質。

不要自欺欺人。你可能以為自己已經完全準備好,但事實上並沒有。

有時候我們非常渴望得到某樣東西，想要到幾乎其他東西都願意捨棄。

行為其實會反映出內心的渴望與誠意。如果跟世界上所有東西相比，我們真的特別想要某樣東西，就必須

將那個東西排在第一順位。還有，很重要的是，必須「**完全做好準備**」。

雖然我們可能會說自己已經完全做好準備，要擺脫所有人格缺陷，但這未必屬實。多數人應該都同意，優越感太重並不值得稱許，我們不應該以支配他人為樂。但是，又有誰能發自內心說，自己不喜歡比別人厲害的感覺？又有誰真的不貪戀權位的力量？

雖然我們可能還沒準備好拋下所有性格缺陷，而追求完美也不見得是好事，或甚至不是到得了的境界，但替自己設定理想目標絕對不是問題。即便知道自己永遠不會成為百萬富翁，大家也都會盡己所能去累積財富。這麼說來，為什麼不替自己設定理想目標？

縱然知道自己可能無法實現理想，還是要盡可能去接近，也不需要因為目標沒有達成就沮喪或氣餒。

每次過新年,大家都會討論自己有什麼新年新目標。然而,很多人在一月一日立下的決心與目標,頂多維持一週就破功了。這已經成為大家心照不宣、習以為常的社會儀式。

「我要戒菸!一月開始就不抽了。」

「我下班後不會再到酒吧鬼混,每天晚上6點前會回家吃晚餐。」

「我再也不玩運動簽賭了。」

「一月一日之後我就要戒零食,今年一定會變得苗條纖細,而且持續保持好身材。」

大家其實都很想遵守自己在新年立下的目標，但為什麼很少有人能真的做到？

請注意，這裡談的是第六步驟，也就是說前面還有五個步驟要先完成。

改變習慣不容易。畢竟，習慣成自然，那些例行儀式會慢慢形成慣性，拉著我們繼續做原本一直在做的事。

改變，需要從根本採取行動。首先，要意識到自己已經失去控制，成為習慣的奴隸，去覺察自己現在受習慣宰制。而要成功改變，往往也要懂得接受幫助。最後，如果要有所轉變，其實也需要改變個人性格的某些面向。

舉例來說，如果你住紐約，並決定要去洛杉磯，除非採取必要步驟，像是：準備好錢買機票、花時間去訂機票，以及到機場搭飛機等等，不然你最後還是會留在紐約。如果只是決定要去，卻沒有採取必要的步驟來抵達目的地，那只會原地踏步。

消除品格上的缺點並不容易，這代表必須調整既有的生活方式及做事風格。另一方面，改變也需要很大努力，而且得持之以恆。所以，人其實一不小心就會掉回舊習慣當中。

很多人不想面對改變帶來的不舒服感，寧願自甘墮落：「改變不了了，性格已經固定成形了。」

我就碰過一位年輕的酒鬼，她堅持要做各種身體檢查，想知道自己有沒有因為喝酒而腦部受損。稍微了解一下，我發現她很希望自己真的腦部受損，這樣就有藉口說：「不要管我了，我沒救了。我已經腦部受損，沒辦法復原。」

不管是 5 歲的小孩還是 55 歲的中年人，大家都找得到放棄的理由。換個角度想，不管是 5 歲還是 55 歲，性格其實都有辦法重塑。只是年紀越大，會需要費更多心思與時間。

改變永遠不嫌遲。

Step 7

謙卑祈求上蒼
消除我們的缺點

第七步與前兩大步驟相關。意識到自己無能為力，發現好像需要比自己更強大的力量來擺脫困境時，就要保持謙卑、尋求幫助。

許多人拒絕尋求幫助，認為這很丟臉。有時候，我們會死守著不切實際的想法，覺得自己一定行，不願低頭求助。但很多不必要的痛苦，其實就是這種愚昧固執、覺得靠自己就好的心態所致！我們當然需要協助。每個人多少都需要幫忙，而需要援手也沒有錯。

謙卑是美好的特質。不僅神愛謙卑的人，其他人也一樣。自以為什麼都懂的傲慢態度，其實令人反感。

謙卑不代表用負面態度來看待自己，完全不是這麼一回事。我們應該清楚知道自己的人格特質以及優點。了解自己的長處，這並不是虛榮自大，而是將自己的特長以及才能，視為老天賜予的禮物，然後用這些長處來造福他人。我們或許會因為擁有這些天賦而自豪，但如果意識到隨這些天賦而來的責任和義務，以及驚覺自己好像沒有善盡這些責任與義務時，自豪就會轉變為謙卑。

虛榮自大者會展現出高高在上的態度，期待能得到

他人的敬意和欽佩。謙卑則蘊涵著感謝，感恩自己能得到這些才能與優點，並意識到自己有義務替他人服務。我們可以當一個卓越的人、意識到自己的優秀，但同時秉持謙卑的態度。

　　真正謙卑的人不會抗拒求助，因為這完全不丟臉。他能坦然接受協助，也很樂意給予幫助。

　　虛榮自大的人永遠不滿意自己所擁有的，優越感使他覺得自己應該得到更多，比現在擁有的還要多。這種人會徹底被逆境擊垮，因為一丁點苦難和挑戰，都會讓他憤怒不滿。「怎麼有人敢這樣對我？神怎麼敢這樣對我？」他整個人沉浸在憤怒之中，變得充滿敵意、難以接近，身體更是出現各種毛病，如偏頭痛、高血壓、胃潰瘍等等，這些都是內心憤懣的結果。

　　謙卑的人不會覺得自己的權益被剝奪、受到不公平待遇。謙卑者能享受自己所擁有的，因為即便別人有的更多，他也不會羨慕嫉妒。逆境來襲時，他能打起精神來應對，而不是不服氣地對所有人發怒。

　　謙卑不只是美德，還能拯救人生。

保持虛心。不懂謙虛就不可能有改變，也不會進步。如果深信自己不會犯錯，那我們所做的一切就一定是對的。既然如此，又何必改變？

假設有個偏執的精神疾病患者，堅稱自己被跟蹤、竊聽，還說聯邦調查局與中情局都在監視他的一舉一動，各種合乎邏輯的論述或者反面證據都無法撼動他的信念。畢竟，妄想就是難以改變的僵化思想。

如果一個人幻想自己完美無瑕、不可能做錯任何事，並緊巴著這種妄想不放，就不可能有所改變。

露西的傲慢讓人退避三舍。她一直去煩謝勒德，謝勒德覺得無法忍受；她一直責罵查理・布朗，還對奈勒斯頤指氣使，就連史努比也受不了她。

露西疏遠所有人，感到沮喪，還自己生悶氣，但就是完全不改變。反正她覺得自己很完美，幹麼改變？

相反的，謙卑能讓人客觀檢視自己，消除那些阻礙我們成功、讓我們無法與他人融洽相處的人格特質。謙卑能帶來愉快、健康的人際關係。

PEANUTS
露西，妳有什麼新年新目標嗎？
什麼？新目標要幹麼？我現在有哪裡不好嗎？我就是喜歡自己這個樣子！
我幹麼改變？查理．布朗，你是哪根筋不對啊？
我好得很！我不需要改進！我還有哪裡能改善？怎麼改，你說啊？哪裡要改？
天啊…
SCHULZ
12-31

其實我們能在小孩身上觀察到一種現象：什麼事都搶著自己做，想證明自己不需要幫忙。但說到底，他們是生活在成人世界中的小人物，而這個世界是按照成人的需求來運作的。當一個小孩用力踮腳去拉門把，但怎麼樣都搆不到門把，他就會意識到自己其實很渺小。這也難怪，當一個小孩站到椅子上，總是會高興尖叫：「你看，我好高！」

但是，真正傑出非凡的人不應該這樣做。如果你真的覺得自己很偉大、了不起，又何須向每個人強調這件事？搞不好大家都看得出來啊！

真的對自己有自信的人不需要一直展現高人一等的態度，而當他們在生活中碰到困難、需要求助，也不會覺得求助是一件困難、尷尬的事。

可憐的奈勒斯，他還不會自己綁鞋帶，必須請人幫忙。

　　請人幫忙沒有錯，但如果一直吹噓自己樣樣行，確實會讓人覺得有點蠢。

　　表現得傲慢自大，最終會被現實打臉。虛心行事，才能占盡天時地利人和。

第七步必須等到第六步完成之後才能進行。也就是說，要先承認自己的性格缺陷確實存在，才有辦法加以改正。畢竟，針對人格特質的評價，其實是相對的：「我是個堅定信念的人。但**你**很固執，**他**也是頭頑固的騾子。」或者：「我這叫做開放包容。**你**則是沒原則，而**他**是優柔寡斷的爛好人。」

如果沒有意識到改變的必要，負面的行為模式就會持續，生活連帶會受到影響。

團體治療或自助小組的好處之一，就是公開讓別人觀察、評論我們。如果能抱持開闊的心胸、不要戒心重重，好好傾聽他人對我們的觀察和回饋，自然能大有斬獲。搞不好自以為很棒的優點，其實是性格缺陷。一旦能擺脫這些缺陷，就能往更好的方向邁進。

🐤

有時候人會祈求能得到幫助，來克服性格上的缺陷，但這些祈求似乎都得不到回應，這又是為什麼？說真的，如果我們努力想改進，難道不該得到協助嗎？

這是因為祈求往往缺乏誠意。我們有真心想要戒掉那些缺點嗎？還是感到很矛盾？其實我們常常從那些缺點當中感到某種程度的滿足，所以不想完全改掉。

即便全心戒除，可能也很快就會後悔，甚至試著把那些缺點找回來。

成功方法只有一個，就是下定決心擺脫缺點並堅持到底。這樣的祈求才會應驗。

Step 8

列出自己傷害過的人，
並且願意補償名單上的所有人

第八步實在不容易。沒有人喜歡回想自己傷害過哪些人，而祈求別人原諒也需要很大的勇氣和毅力。其實，第八步並不是要我們真的去補償或贖罪，只要有**意願**就可以。大家都曉得，要做到真正的彌補很難，所以在實際行動前或許需要先做準備。

心理機制跟生理機制一樣，都會透過防禦來避免痛苦。腦中的意念或想法如果讓人痛苦，心理就會出現防衛機制、否認沉重想法的存在，或是透過合理化來減輕傷痛。

所以，如果我傷害了某人，有可能會完全不記得這件事。即便記得，也可能會辯解說：「這是他自找的，誰叫他要惹我。」這種防衛意念其實會造成很大傷害，因為所有不符合現實的想法本來就很有殺傷力；再者，抱持這種防衛態度，就沒辦法讓受傷的關係重修舊好。人要先承認自己錯了，才有辦法道歉，並建立或修復友誼。要是繼續維持敵對態度，斷裂的關係就完全無法補救。

坦承自己有錯，其實就等同於承認人會犯錯。相反的，拒絕承認錯誤，會讓人誤以為自己無所不能。

「願意彌補」其實就等於承擔責任。而這也是成熟穩重的大人與少不經事的小孩之間，最大的區別。此外，「願意彌補」代表我們有心為自己的過失請求寬恕。如果能夠理解「寬恕」的概念，也會願意原諒他人對我們造成的傷害。

最後，如果誠實列出所有自己傷害過的人，或許會發現傷害的成因有可能是我們忘了履行義務，或是在有能力幫助他人時沒有伸出援手。意識到自己的疏忽，就能採取補救措施，避免同樣的情況再次發生。這不僅能讓我們有所成長、更幸福快樂，同時也能為他人盡一份心力。

我想趁這個時候談談「合理化」的問題。

當你想做某件壞事，任何藉口都能拿來當擋箭牌。對其他人來說顯然非常荒謬的藉口，對於想做壞事的人來說卻很合理，這點實在奇怪。

比方說，問酗酒者為什麼戒酒一段時間之後又繼續喝酒，他可能會給出一些很可笑的理由，但他真心覺得

這些理由能充分解釋為什麼要繼續喝。

（漫畫對白）
- 媽！我回來了。
- 你幹麼不待在外面玩？
- 那個…
- 人行道上有隻毛毛蟲往我這邊爬…
- 所以想說還是回家看電視好了。

奈勒斯想繼續吸拇指跟看電視，完全不想到外面動一動。他的理由應該很多酒鬼都能認同吧。

欺騙別人從來不是好事。話說回來，哪怕你只是耍小聰明、哄騙自己，那又得到什麼了？你就這樣成為狡猾與小聰明的犧牲品。

有時候我們會受誘惑驅使，做出不該做的事。這是人之常情。因此，只要能意識到自己做錯了，就可以採取適當的預防措施，避免一錯再錯。但要是自欺欺人，以為自己是對的，就永遠無法糾正自己。

認錯，是成熟的開始

如果你有碰過車禍，就會見識到合理化、投射等心理防衛機制的作用。比方說，駕駛轉彎時沒打方向燈，或是沒檢查後方來車就靠邊停車，然後推託說撞車的原因是對方開太快。

很多時候，當我們明顯犯了錯，就會開始自我防衛。我們不承認錯誤，反而將錯誤歸咎於他人。

露西心思全不在球賽上,犯下了嚴重失誤。但她被譴責時,完全不提自己的疏失,反而說是查理‧布朗的錯,怪他對她大吼大叫。

犯錯是人之常情,犯愚蠢的錯更是常有的事。但除非能承認錯誤,否則根本沒機會改進。

回想自己可能傷害過的人時,通常會想到犯錯的行為,也就是各種冒犯或傷害到他們的事情。但我們或許沒有想過,「不作為」可能也同樣嚴重。沒有去感謝、肯定對方的好意,沒有在力所能及內幫助他人,沒有出聲替他人辯護,這些都是「不作為」。

被動傷害和主動傷害一樣會帶來痛苦以及損傷。由於被動傷害比較容易淡忘，我們每天最好能列出自己的作為以及不作為，提醒自己如果不採取行動，就會有負面影響。

露西一句話也沒說，甚至一個字也沒說，奈勒斯卻沮喪離開。其實露西只要說一句：「不要胡思亂想，我只是想觀察蟲蟲的行為。」奈勒斯就不會覺得受傷。

雖然說沉默是金,但有時不出聲也會造成傷害。

我們需要彌補自己沒有做的事,同時也得補償做過的事。

成人與孩童之間最大的差別,是承擔責任的能力。未成年人無法負起全部責任,而拒絕承擔責任的成年人從心理看來,其實根本還不成熟。

人都會犯錯，而意識到自己犯了錯其實不需要感到天崩地裂。

有些人似乎無法承認自己犯了錯。

他們會為自己的錯誤辯解，並將行為合理化，讓自己和別人相信他們是無辜的。

在《好事即將發生》當中，露西是非常缺乏安全感、相當自卑的人，不過她用高高在上、完美無瑕的態度，來掩飾這種感受。

只想著要逃避責任、不受指責，這就是自卑。真正相信自己、有自信的人，可以坦然接受自己曾經犯錯的事實。

願意承認自己的錯誤並有心彌補，就是成熟的表現。

Step 9

盡可能直接補償你傷害過的人，
除非這樣做會傷害他們或其他人

「內疚／罪惡感」是普羅大眾和心理學界都覺得很精深的一個領域。確實，揮之不去的內疚感會把人壓得喘不過氣、造成沉重的情緒負擔。然而，我們必須仔細研究到底要如何擺脫內疚感。

內疚有可能是健康的，也有可能是不健康的。做了不該做的事、做了確實不對的事、做了違反正當原則和不道德的事，就會產生合理的內疚感。這種內疚感是健康的，就像疼痛也是健康的身體反應一樣。身體感到疼痛，代表我們可能正在承受來自內部或外部的傷害。由於不想承受特定行為帶來的內疚感，我們會避免做各種不正當的事。

如果真的做錯事情，由此產生的內疚感，會促使我們去彌補。我們下定決心不再重蹈覆轍，同時採取適當行動，努力亡羊補牢。這種補救行為能夠減輕內疚感。

另一種內疚感是病態、不健康的。即便沒有做錯事但還是感到內疚，這時或許就需要專業人士協助，才能判斷內疚感到底是從何而來，以及要如何消除。不健康的內疚感通常不會因為道歉、彌補或贖罪而減輕。畢竟，我們根本沒辦法替不存在的過失贖罪。

不健康的內疚感如何產生？原因其實很多。我們其實會被心靈的小把戲所矇騙。例如，如果惹你生氣的對象碰到不幸的事情，我們可能會覺得是自己的敵意詛咒了對方。這就是心理學中所謂的「魔幻思維」（magical thinking），但那其實是一種幼稚的思考方式。這種思考模式在孩童時期是正常現象，但隨著年紀增長應該要逐漸消失。如果這種魔幻思維持續存在，就很容易產生不必要的內疚感。

不管怎麼樣，如果飽受內疚感折磨，最好去諮詢專家意見。只要內疚感其來有自，那第九步就是正確的解決方法。

人之所以產生不必要的內疚感，其中一個原因是太沒自信，導致他總覺得自己做錯事。有些孩子在成長過程中被灌輸一種觀念，是「自己要為所有的錯負責」，結果終其一生都無法擺脫這種心態。

而有時候是一個人犯了太多錯，所以就算做對某些事，還是覺得自己永遠是錯的。

露西經常漏接球，查理・布朗也常針對這件事責備她。露西好像總是能替漏接球找藉口，但從她一直找理由也可以看出來，她其實內心不好受。

由於失誤對露西來說，早就是家常便飯，所以連比賽都還沒開始，她就覺得自己又搞砸了。

大家可以觀察一下你會對哪些事感到內疚，說不定

有些內疚感根本沒必要。

　　有時候，我們可能會做出冒犯他人的事。即便是無心之過，至少也該想到「要跟對方致歉，抱歉造成他的困擾」。而若有辦法彌補過失，就絕對要負起責任。

查理‧布朗願意道歉是件好事，但他也可以順便給史努比一碗水。

有時補救的方式相對容易，有時比較困難，但總是要嘗試。

如果補償多少會造成傷害，就要避免讓善意造成更多痛苦與傷害。

補償怎麼可能會對任何人造成傷害？這個問題帶出一些非常棘手的倫理議題。例如，有位婦女婚姻美滿、育有兩子，但她從未向丈夫坦承自己有一位託給他人領養的非婚生子女。這個祕密讓她飽受煎熬。她覺得自己沒有完全坦白，對丈夫不誠實，所以必須說出真相、藉此彌補丈夫。不過，丈夫的脾氣她很清楚，他聽了肯定會勃然大怒，絕對會提離婚。她願意承擔自己必須面對的後果，但非常擔心孩子會無故受牽連。她有資格打亂孩子的生活嗎？大家聽完這個例子或許會有不同想法，但這個故事的重點在於，要彌補過錯有時可能會造成傷害。

「道歉」這件事看起來很單純,但其實要很小心謹慎。有時候道歉的方式恐怕會讓問題惡化。

露西有時會不由自主大吼大叫,這點讓她覺得很困擾。但是,她道歉的方式跟她的尖銳批判一樣,都讓人覺得尷尬不舒服。

有時候保持沉默會比較好。

一旦意識到自己有錯誤需要糾正、得彌補對別人造成的傷害,確實應該做出相應的補償。但如果是因為別有用心,而向某人道歉或以其他方式修復傷害,那就不是真正的賠罪,只是在滿足私慾。

矯揉造作的補償往往一眼就會被識破，而且非常荒謬、毫無意義。

　　如果讓別人受到金錢損害，提出賠償就很合理。要是傷害到他人的感情，真心誠意表達歉意與遺憾是不二法門。不需要等對方報復或反擊你，這不僅愚蠢，還會讓對方犯下另一個錯，陷入冤冤相報的局面。

　　認為每做錯一件事就要受罰的人，心中根本就沒有「寬恕」可言。他們可能會覺得神會懲罰罪人，但其實他們只是把「自己對待錯誤的想法」加諸在神身上。這種人可能一直以來都悶悶不樂。如果有不好的事情發生在他們身上，他們馬上會下定論說那是神的懲罰，然後抗議說處罰太重、抱怨神不公平。要是沒碰到任何不好的事，他們反而會焦慮懷疑，設想災難隨時會從天而降。

　　我們必須學會寬恕，並且能夠接受他人的饒恕。

PEANUTS
查理·布朗，對不起傷到你的感受。
不然**我**讓**你**罵回來，這樣就扯平了！
沒辦法，我做不到，這種事我做不到⋯
怎麼會**做不到**？
我已經忘記妳罵我什麼了⋯
SCHULZ

有種情況雖然不算普遍，但也不罕見，值得我們深思與討論。

假設我對某人做了不太好的事。例如，我知道朋友想買一間房子，而且已經在談價錢，我卻直接出價把房子買下來。朋友知道了肯定很不開心。但沒過多久，房子就發生意外，比方說火災、水災或其他不在保險理賠範圍內的事故，我就這樣把錢賠光。起初，這位朋友可能無法諒解我，但現在他很感激我讓他逃過一劫。這樣還需要道歉嗎？

請記得，我們不是神，沒有先知先覺的能力。我們無法預知事情的結果，只能依照自己的行為來評價自己。如果做了什麼冒犯他人的事，不管行為造成什麼後果，都應該向對方道歉。不能找藉口說「自己的行為對對方最後是有利的」，你還是要負起彌補的責任。

怎麼會這樣!!!
受不了了！
我書上的這個東西
是你畫的嗎？
應該是我畫的…
但我畫得很漂亮，是吧？
妳看，騎士騎馬，旁邊還
有一隻大龍，還有…
你以為
你是誰？
不然我要說什麼？
Furry Tails
這是我的書，你在上面亂塗鴉，
你現在告訴我要怎麼解決！
6-8
妳要我簽名嗎？
講錯話了嗎？
砰！
SCHULZ

心理防禦機制非常狡猾。在替自己的行為辯護時，我們有時會自欺欺人。

假設有人跟你對質，說你對他講了一些難聽話。如果確實如此，那就坦白承認。只要願意認錯，之後就比較不會重蹈覆轍，對方也有可能會接受誠摯的道歉。誠實坦白的態度能讓你更有尊嚴，同時也能得到對方的尊重與信任。

但如果不承認自己的行為呢？

我們或許會試圖否認，辯解說對方聽錯或搞錯了：「說這些話的是別人，不是我，我還站出來幫你說話呢！」

無論是企圖掩飾自己的行為，或是以其他方式推卸責任，如果還有一點良知，絕對都會感到內疚罪惡。再者，真相遲早都會水落石出。

永遠不要為錯誤辯護，這樣做一點好處也沒有。

露西，
親愛的
姊姊！
我剛才差點要買生日禮物給妳。
我在一間店外面看到一瓶香水，只要 1 美元。
我知道妳收到一定會很開心，但後來我又看到一個會讓妳更開心的東西！
隔壁那家店的櫥窗裡有賣臘腸三明治，也差不多是 1 美元…我就想到妳其實很關心世界上的每個人。
所以，如果我能變成名醫，幫助每一個人，妳一定會很開心。
但如果我要變成醫生，就要考好成績。
要考好成績，就要念書，要念書就要健健康康的。
要健健康康的，就得吃東西，所以我最後沒買香水，而是買了那個三明治…這一切都是為了讓妳幸福快樂！
好開心喔，開心到我都要哭了…

Step 10

持續檢視自己的行為，發現有錯要立刻承認

人生出現危機時,大家一般都會做出重大改變。這個危機有可能是經商失敗、婚姻破裂,或者意識到自己飲酒過量等等。無論如何,我們需要先分析過往,並修正造成危機的因素,才有可能帶出正向、有意義的變革。

但光是分析過往還不夠。意識到過去所犯的錯誤,不代表絕對不會重蹈覆轍。恰好相反,我們很有可能會一錯再錯,或者是做一些非常類似的舉動。佛洛伊德將這種現象稱為「強迫性重複」(repetition compulsion),好似有什麼東西在驅使我們重複過去的錯誤一樣。

如果真的想避免重蹈覆轍,最保險的做法是保持高度覺察。但我們有可能不曉得自己又在犯同樣的錯。所以,若能透過他人的觀察以及提醒,去意識到自己沒發現的行為模式,情況或許能大幅改善。當然,我們也必須有接受指正的心理準備,否則又會再次犯下同樣的錯。另外,評估自己的行為時,也不能只專注於缺陷。我們的許多行為並沒有錯,所以請不要低估自己,但也不該因為這項認知而自大虛妄。就好比如果要成功經營

一門生意，必須知道什麼因素會造成虧損，哪些因素能擴大利潤，才能順利經營。個人生活也是如此，必須知道哪些事情不該做，哪些事情則是多多益善。

企業經營者都會定期花時間評估營運狀況、挑出利弊。對於個人生活的經營，我們也該給予同等程度的關注，並且用相同技巧來分析面對。

另一方面，這個步驟會擺在第十步並非偶然。它之所以到後半段才出現，是因為必須先掌握前面九個步驟，在人格發展上有大幅成長之後才能進行。不過就算已經成功完成前面九大步驟，這個階段還是不容易。

如果有更多人能按照第十個步驟來生活，並在犯錯時承認錯誤，這個世界會是多麼不同！拒絕承認錯誤的悲劇雖然很常出現在政治範疇，但個人生活中也隨處可見。而在政治場域，試圖掩蓋錯誤的人最後多以悲劇收場。

替個人行為辯護似乎是人類本能。結果就是，很多人會編造出各種荒謬至極的理由和藉口，用荒唐的手段合理化自己的行為，根本無法看清個人的失誤和缺陷。

深信自己不可能犯錯的人，絕對會一錯再錯。畢竟，一旦覺得自己完美無缺，就不可能有改正的空間。我們或許能自欺欺人，騙自己說我們是最完美的人，但這種態度絕對撐不久，而且會導致慘重的悲劇。錯誤通常會互相牽連、不斷衍生，最後造成無法忽視的破壞，

連最自以為是的人也沒辦法否認無視。雖然這種方法能讓人認清事實，但代價實在太高。

遵照第十步來過生活，就能活得更輕鬆。

有些人拒絕接受事實，態度還非常堅決高傲，甚至會說：「我非常確定，不要再拿證據來煩我。」多數人不會厚顏無恥到否認事實。但針對個人見解與看法，由於沒有確鑿的事物能迫使他人改變想法，他們有可能會拒絕接受合乎邏輯的論述。就好比文藝復興時期的教會拒絕接受哥白尼的理論。就算有人真的繞地球一圈，證明地球是圓的，有些人依然堅稱世界是平的。這就是固執己見的最佳範例。

願意檢視自己的觀點、抱持開放的態度與心胸，接受自己的想法有可能是錯的，世界以及個人才有可能往前更進一步。

對於有物質成癮困擾的人來說,第十步非常關鍵。為了維持對酒精、藥物或暴飲暴食的依賴,成癮者會否決、排除他人的意見或觀點,怎麼樣都說不聽。我們在一開始就透過第一步到第五步讓人擺脫癮頭,但要長久維持健康狀態、不要再度上癮,當事人必須意識到「在我嚴重成癮的那段時間,我一心一意覺得自己是對的,但我現在意識到自己錯得離譜。我還是有可能受到錯誤

觀點的影響,所以必須準備好承認自己是錯的。」

不管是否有成癮問題,每個人都該抱持這種健康、正向的態度。

我發現一個奇特的現象。大家會先踏上一條前途光明的道路,很有機會改變個人生活,但就在快要成功的時候,卻會做一些事來搞破壞、前功盡棄。這點實在不可思議!

以酗酒者為例,他第一次在一段時間內成功戒酒,發現家人都很愛他,對自我價值的認知也大幅提升;也有可能是一位創業人士,他成功創立一番能賺錢的事業;也有可能是學生,他開始認真上課之後,成績有顯著的進步。你們看,很多人其實離成功只差臨門一腳,但終究還是沒有撐過去、又跌回失敗的深淵。

如果發現自己現在是對的、過去的行為是錯的,就該徹底放棄過往的行為模式,用新的方式來過生活。

跑也沒用！
我會抓到你！
查理．布朗，
我最後還是會抓到你！
我會修理你一頓！
等一下，暫停！
我們不能繼續這樣下去，
這樣下去是不對的！
這個世界已經有很多問題，
人類互相傷害、不理解彼此…
所以，如果我們小孩子連小問題都沒辦法解決，碰到大問題又怎麼…
砰！
要先下手為強，
他越講越有道理了！

雖然邏輯告訴我們該怎麼做，但老習慣威力強大，大到能推翻邏輯，把我們拉回過去錯誤悲慘的生活。

正如范蕾特，理智要求我們改變生活模式的時候，可能會覺得壓力很大。所以，很多人往往會跟范蕾特一樣，寧可失敗也不願意改變自己。

除非保持高度警覺、不要重蹈覆轍，否則即便下定決心不要再犯同樣的錯誤，還是有可能會再做錯。

犯錯是人之常情，但重複犯錯就是愚蠢了。不過，稍微觀察自己和別人，一定會發現自己確實都會掉進重複的錯誤之中。有人就說：「錯誤不是一個接著一個，而是同樣的錯誤持續出現！」說得真好！

真的有辦法避免重複犯錯嗎？當然可以，我們必須保持清楚的意識和覺察，並對自己誠實。

酗酒者就是最清楚的例子。雖然每次喝酒的下場都很慘，酗酒者卻都自欺欺人說：「這次不一樣。」

大家還滿意自己的生活方式嗎？如果不滿意，解決辦法只有一個：改變！

當然，必須謹慎思考該如何改變以及改變什麼，但也不該愚蠢到以為重複舊有行為能帶來不同結果。

有些人喜歡從負面的角度來看待自己，只關注自己的缺失、忽略了自身優勢。

我們每天都會做許多好事，也應該多去注意這些善舉。萬一真的發現自己犯了錯，但因為有覺察而採取適當的防範措施，來避免一錯再錯，那就是相當寶貴的學習經驗，應該用積極正面的角度來看待。

露西實在是不會幫別人建立自尊心,但即便沒有她在旁邊批評,查理・布朗也很難意識到自己其實沒有做錯任何事。他沒辦法清楚看出或欣賞自己的優點與長處。

不過其實,只要發現自己做對了一件好事,我們就更有動力去做更多好事。但要是像查理・布朗一樣,總是悲觀負面,可能會告訴自己「做對了一件好事,那又怎樣呢?」

無論如何,請好好在自己身上尋找優點與特長,一定會找到的。

如果你問哪一項人格缺陷最讓人痛苦折磨，我的答案是：「無法承認自己的過失」。

我們都是人，人都會犯錯。如果意識到自己會犯錯，就能接受自己的錯誤，並寬恕他人的過錯。此外，意識到自己是會犯錯的凡人，就會假設其他人跟自己一樣，而他們也會願意原諒我們的過錯。

不過，如果拒絕承認錯誤，就不太可能原諒自己，更糟的是別人也不會原諒我們。很多歷史事件就清楚證明掩蓋錯誤有多愚蠢。其實，只要簡單說一句「我犯了一個錯，我錯了」，許多國家和個人就不需要承受這麼多折磨。

> 鹿（Deer）是世界上最美的一種生物…
>
> 抱歉，我不曉得妳是在寫跟鹿有關的東西，對不起。
>
> 你看吧！我覺得世界上之所以有這麼多問題，就是因為大家還搞不清楚狀況，不曉得自己在說什麼，就等不及要開口批評！
>
> 親愛的（Dear）奶奶…

　　莎莉犯了一個錯，她卻要求查理・布朗道歉。莎莉浪費很多心思在掩飾自己的錯誤，最後查理・布朗也只能尷尬離開。但莎莉心裡也不好受，她覺得自己傷了查理・布朗，而查理・布朗其實是對的。

　　摩西所謂的十誡其實應該不只十條，而是十一條。第一條應該是「不要為錯誤辯護」。摩西以為這點大家都曉得，所以不需要特別記下來。

　　太可惜了。

Step 11

透過祈禱和冥想，
有意識地與上蒼接觸；
祈求能夠了解上蒼的旨意；
祈求有力量，去奉行祂的旨意

為什麼要祈求能了解上蒼的旨意？為什麼光是知道自己的意志還不夠？如果個人意志還不夠，那為什麼上蒼的意志是唯一選擇？

第二個問題的答案其實很簡單。如果個人意志真的這麼強大美好，那為什麼我現在會陷入困境？我沒有得到自己想要的，也沒有得到應得的，這真的是其他人的錯嗎？還是我想要的東西其實根本就不值得追求，甚至不實際？

第三個問題有點棘手。即便個人意志有可能受到誤導，為什麼不能仰賴其他人的意志，非得相信上蒼的旨意？

事實是，如果能將個人意志擺在一邊，就能活得更有意義、更繽紛豐富。放下個人偏見以及慾望，我們其實能為社會和人類做更多事，帶來更多幸福快樂，而這也是一項重要成就。

不過，即便將個人意志放在一旁，結局也未必是好的。這邊就有一則實際案例：兩名男子因為滯留街頭被捕，來到了法官面前。

法官問第一個人：「你被捕的時候在做什麼？」

「沒做什麼。」那人回答。

法官轉而問第二個人:「你被捕的時候在做什麼?」

「我在幫他。」第二個人指著朋友說。

從故事中可以發現,雖然助人是美德,但若對方什麼也沒做,那幫忙的人其實也沒什麼實質貢獻。

奈勒斯你在幹麼? / 沒有啊。	沒幹麼?你看起來很像在搭石牆。 / 我說「沒有」,是指沒什麼重要的事。
那你介意我在旁邊看嗎?	真是不可思議⋯⋯一個沒有要幫忙的人,在看另一個人做不重要的事。

如果世界上的每個人都開始幫助其他人，世界會變得更和平、美麗。但是，我們還是得面對一個讓人茫然的問題：「我們真正要做的到底是什麼？」

　　感覺生活迷茫飄渺、徒勞無功，這種情緒最讓人意志消沉。人似乎生來就渴望自己能有所成就，希望能感到生命是有意義的。許多人忙著生存，完全沒時間思考生命的意義。現代科技讓工作時間縮短，醫學卻反過來延長人類平均壽命，所以我們有更多時間思考，並且進一步反思生命的意義。

　　第十一步到底會不會成為你的信條，這其實不是重點。但人必須要有生活的目標，才能讓生命充滿意義，這點無庸置疑。

　　如果祈求能了解上蒼的旨意，並有能力去實現，我們就要準備好隨時迎接驚喜，因為祈求可能會成真。只要祈求的事情是恰當的，上蒼就會傾聽祈求並給予回應。

上蒼所想的，可能與我們內心假設的不一樣。我們或許想要一棟湖邊的避暑豪宅、一台船外機，還有許多閒暇時間能去釣魚。但上蒼所想的也許是替他人服務，像是與他人分享我們在迎接各種挑戰、面對人生困境與難題時，所產生的希望、力量以及勇氣。

　　沒錯，「有趣」可能會讓人沒那麼舒服。不過事實

與露西的結論正好相反：無聊並沒有比較好。如果在球場上一點挑戰也沒有，球員根本就不會進步。

上蒼的旨意可能是要我們成長，而成長本來就會伴隨一些痛苦。不過，我們也要有信心，相信上蒼會賜予我們力量來完成祂的旨意。

有時所謂的祈禱，其實只是討價還價。「如果祢能協助我脫離困境，我保證會⋯⋯」我們都很清楚這樣的承諾只是曇花一現。

假如希望祈禱真的能發揮效力，就得真心誠意，而虔誠並不是利益的索取。要是秉持著談條件的態度來祈禱，我們就還是覺得自己是一切的主宰，等於想掌控所有條件。很多時候，都要等到人生變得無法掌控了，才會意識到討價還價根本徒勞無功，總算臣服於更崇高、強大的力量。

佩蒂說得對。我們常用這種方式來祈禱。但討價還價本來就不是宗教的本意，所以即便學校禁止各種宗教活動，這種祈禱還是能繼續存在。

執行第十一步的前提，是完成前三大步驟。只有真心交出自己的意志，祈禱才不是討價還價。這個時候，我們才是真心誠意希望做正確的事，而不是只想滿足私慾。

據傳林肯曾說：「對我來說，神是站在我這邊還是對手那邊並不重要，重要的是我站在神這邊。」

換個方式來表達這句話，意思就是：「我是想遵行神的旨意，還是期待神能遵照我的意思？」

有些人在上蒼沒有實現他們的願望時會很沮喪、對祂失去信心。這種人顯然覺得，禱告是向上蒼發號施令的方式，只是態度比較禮貌而已。

當然，如果覺得自己已經很完美，認為上蒼對我們的言行舉止都很滿意，那就沒必要喚醒覺察、與上蒼接觸。但很顯然，上蒼也絕對會想要與我們這麼棒的人維持聯繫。

在《好事即將發生》當中，我點出查理・布朗常自我懷疑、自尊心低落，這點讓他深受困擾。露西其實也有同樣的潛在問題，但她一直自我說服說「自己是最棒的、別人都比不上她」，來抵抗自卑帶來的痛苦。

查理・布朗雖然是個可憐的角色，但他其實有機會變得更好。我們能讓他知道，他沒有自己想像那麼差。

幫助露西就比較難，因為她堅信自己完美無瑕。

我們應該要不時試著去增進與上蒼的交流，因為這代表我們在試著改善自己。

去祈求能了解上蒼的旨意並且有能力去實踐,這是相當困難的步驟。要認真看待這個步驟,就代表要將個人私慾擺在一旁,比方說名利以及財富等,並下定決心只追求上蒼所要的。要知道上蒼究竟想要什麼並不容易,所以我們必須祈求祂給予指示。

認真執行第一步之後,第十一步就是順理成章的接續步驟。人生之所以變得難以掌控,通常是因為「自我意志暴走」。如果自我意志時常讓你陷入困境,那把它擱置一旁是很合理的決定。

有些自稱虔誠的人根本就沒有走到第十一步。**只有在**上蒼的旨意符合他們自己的意志時,**才會**接受祂的旨意。他們只接受信仰當中自己喜歡的部分。

宗教是可以很美妙良善的。但為什麼當我們回顧世界歷史,會發現有些人以宗教之名犯下最卑鄙的惡行?當人類只從宗教信仰中揀選喜愛的部分、拋開討厭的教義,就會發生這種情況。

如果一個人發現自己的生活方式無以為繼,考慮遵

照上蒼的旨意來生活，那是相當明智的抉擇。然而，要是他總愛對宗教挑三揀四，那根本就不是在遵行上蒼的旨意，只是在順從自己的意志，情況顯然也不會有任何改善。

有些人以為禱告的重點是告訴上蒼自己想要什麼，然後祂就會應允。

如果最後沒有得到自己想要的，他們就會覺得上蒼不公平，或覺得上蒼想要與他們對立。

這個錯誤的結論使某些人與上蒼疏遠，但這其實都是因為他們對禱告有所誤解。

在第十一步當中，禱告的真正目的是與上蒼建立關係。我們應該要克服自己的缺點、變得更像神。雖然大家都曉得沒有人能夠真正完美無缺，但我們都應該將「企及完美」當成目標。

禱告的真正目的不是向上蒼索取**我們**想要的東西，而是去了解上蒼希望我們怎麼做。如果個人願望以及渴求沒有得到回應，不需要垂頭喪氣，或許這原本就不是上蒼替我們安排的事物。

一位正在戒酒的婦女說：「當我丟掉工作、婚姻破

裂,我對神失去信心。『祢為什麼要這樣對我?』但現在我明白了。神只是將那些我沒有能力處理的東西先拿走而已。」

給自己一個機會好好禱告,真真切切的禱告。

Step 12

實行十二步驟、心靈覺醒之後，
努力把這個訊息傳遞給其他人，
並在生活中全面實踐這些原則

生命中有各式各樣值得享受、令人愉悅的事。有些事情只會產生稍縱即逝的快樂（誰真的有辦法回想多年前，一道美味料理帶來的短暫歡愉？）但有些事即便時隔多年，回想起來還是很愉快。例如，幫助他人就能帶來永久且持續的快樂。如果我多年前曾對某人伸出援手，甚至讓他現在過上更好的生活，那此時此刻我依然能夠回味自己對這個人的幫助，這是很棒的感受。

對每個人來說，心靈覺醒的意義或許都不同。但重點在於，將焦點從自己身上移開、多替他人著想。對於康復中的酒精／毒品成癮者來說，當他的重心從「追求自我滿足」轉移到「為他人著想」，保持清醒的同時，也擁有了精神上的覺醒。也就是說，若能時時設身處地為他人著想，內在靈性也會隨之成長。即便沒有酗酒或毒癮問題，這點依然成立。

第十二步的標題說「努力傳遞**訊息**」，這是非常謹慎的措辭，因為我們要做的是傳遞訊息，而不是強迫他人改變或修正。我們的責任是盡量幫助他人，而不是加以控制。就算別人不想聽我們傳遞的訊息，那也是他的權利。所以說，將訊息**強加**在他人身上並不是在傳遞訊

息。如果刻意加壓控制，就已經越界跨線，**不是在給予真正的幫助**，而是進入那種「沒有你不行」、關係失衡的狀態。

　　十二步驟計畫不只能用來解決酗酒、吸毒等特定問題，還能應用在更廣泛的人生範疇。十二步驟療法的其中一個美妙之處，就在於互相奉獻和團結合一的精神。比方說，戒酒者都知道他們有一個共同的敵人：酒精。他們知道必須團結合作才能擊敗酒精，而他們的人生就取決於到底能否克服酒癮。他們不能搞分裂。戒酒者知道當有人需要幫忙，不管是白天還是黑夜都應該要隨時提供協助。

　　只要願意團結一致、互相幫助，我們就有辦法克服各種人類脆弱與失誤所產生的險境。若大家都能有這份體悟，世界豈不是很美好？如果都能理解到其實個人快樂取決於所有人的快樂，世界應該會與現在截然不同。

　　假設我們走進一個正在進行十二步驟療法的房間，環顧四周。在場有窮人、有錢人、高學歷者、文盲、男女老少，以及信奉各種宗教或不同種族的人。在這個房間，所有差異以及社會地位的不同都先放在一邊，因為

在這裡人人平等。每個人都是人，都是正在經歷或曾陷入痛苦的人。大家在這裡只有一個目的：分享經驗，尋求改善。十二步驟療法融入了流傳數千年的智慧，那就是「互相分享」。只要能與他人分享，憂傷可以減半、喜悅可以加倍。

無論問題是酒精、毒品、賭博、暴飲暴食還是其他狀況，所有孤獨都有一個共通點。「沒人了解我，也沒人能幫忙。」孤獨讓人焦慮恐懼，感到孤獨的當事人會非常害怕，因為他要獨自面對龐大、無法控制的命運。十二步驟療法團體中的人會說：「你不孤單，我們和你一起。我們了解你。你不必害怕，因為我們會一起面對艱難的挑戰。當我們在一起，挑戰就沒有那麼困難。不要絕望，因為希望永遠存在。看看這個房間裡的所有人，就會知道希望真的存在。」

「如果你也想要感受我們所擁有的一切，就加入我們吧！不用交會費，也不必付錢。來到這邊、加入我們，這就是你的貢獻，因為沒有人是孤島。你能幫助我們，我們也會幫助你。」

「再來再來再來！有志者事竟成！」

心靈覺醒這個詞選得很好。心靈覺醒,並不是指突然看見天空出現一道裂縫,在閃電和雷聲之間看見天神馬車降臨。之所以稱為「覺醒」,是因為我們在睡覺的時候不會知道周遭發生什麼事。但當我們醒過來,眼睛就會睜開看見現實。

你有看到那座山嗎?	有一天,我要翻過那座山找尋夢想的解答。	有一天,我要越過那座山,找到幸福充實的人生。
我覺得,對我來說,一切的解答都在高山以及浮雲的另一邊!	搞不好在山的另一邊,也有一個小孩往這個方向看,心想人生所有的解答都在山的這一邊。	
		對面的小孩,沒這回事!

有太多人都到別處去尋求幸福快樂。在他們的人生當中，沒有任何東西能帶來幸福與快樂。若情況有所不同，那該有多好；如果能中數百萬美元的樂透頭彩就好了。如果……如果……

然而，幸福快樂不在山的另一邊。我們身處的地方其實就有足夠的幸福與快樂。

其他地方的氣候可能更宜人，其他地方的美食或許更多樣。到海邊就可以釣魚、游泳、衝浪、享受日光浴，鎮上的其他區域有豪華的住宅和寬敞的花園。

然而，問一下精神科醫師就知道。這些令人嚮往的地區其實跟任何地方一樣，也都有許多充滿困擾與煩惱的人。

但是，這些地方也跟其他地方一樣，能讓你探索內在靈性。如果我要的快樂是精神層面的，那不管在哪裡都能找到。

傳遞訊息並不是指說教。十二步驟療法的其中一項傳統，就是透過吸引外人參加的方式來運作，而不是靠

打知名度的宣傳。「我成功擺脫癮頭的束縛,人生現在變得光明許多。如果你想知道我是怎麼做到的,我很樂意分享。」不會有人挨家挨戶敲門去招募新成員。

畢竟,遺憾的是,在人類歷史當中,說教已經變成可疑的行徑。

在歷史上，說教者往往都穿得很暖，然後講幾句空洞無意義的話就走掉，留下受苦的人在寒冷中繼續苦撐。我們常常都說得太多、做得太少。

要成功傳遞訊息，就必須「在生活中全面實踐這些原則」，否則就只會淪為空洞的說教。

關於「言行一致」這個主題，坊間流傳許多成語和格言。我們常口口聲聲說要實踐崇高的理念，但行為卻與言論八竿子打不著。

任何有思想的人都絕對無法接受自己是一位偽君子，不可能有辦法跟虛偽的自己和平共處。虛偽所引起的自我憎恨可能會催生出各式各樣的藉口，藉此掩飾虛偽。但這絕不是長久之計！即便我們聲稱自己是正直之人，也不可能一直欺騙自己到老死。

　　這十二個步驟確實很棒，但前提是必須付諸行動，在生活各方面實踐這些步驟才行。

　　有些人似乎對話語情有獨鍾。他們明知道自己不會遵守新年目標，但那些話語聽起來還是很迷人。他們喜歡阿諛奉承，雖然他們明知道這樣做沒什麼誠意。即便經驗顯示政客的承諾不可靠，他們還是覺得那些諾言相當動聽。

心靈覺醒的前提是誠實。如果我們有一絲提升靈性的渴望,就不能只會講好聽話,而是要用行動證明自己所擁護的原則。

第十二步與該療法的一項傳統有關:如果想協助某人克服有害的生活方式,就要以身作則,而不是單靠說教。

活生生的例子就是最有力的工具。每個人都想追求幸福快樂,如果我們發現某人的生活方式能帶來快樂,就很有可能會去效法,讓自己也得到快樂。反過來說,如果某人對自己的生活方式不怎麼滿意,那他就算講再多道理,也無法說服我們採用他的生活方式。

查理‧布朗的本意是好的，但他並不是最幸福快樂的人，絕對不是。雖然我們喜歡查理‧布朗，也能夠同理他的狀況，但他的自尊心太弱，這點讓他非常痛苦。

如果查理‧布朗能認同自己是個可愛的人、而非失敗者，他所散發的自尊力量以及滿足感，說不定能鼓勵其他人效仿他。

找到一種能減輕痛苦的新生活方式時，自然會想要與他人分享這個好消息。

不過也該記得，當我們在痛苦中掙扎，如果有人突然出現給建議，自己未必會欣然接受。我們可能會抗拒改變。所以，將好消息與他人分享時，如果對方沒有欣喜若狂，也沒有向我們表示感謝，其實不需要太訝異或憤怒。

不需要因為沒被接納而氣餒。首先可以回想一下，雖然我們也曾拒絕他人的建議，但最後還是從痛苦中走出來，而且也確實很感激他人的建議，或是為我們付出的努力。

再者，其實每次真誠的幫助都會帶來一些幫助，即便這些變化沒有那麼顯著，但隨著時間累積絕對能發揮作用。

所以不要失望，也不要不耐煩。好的咖啡需要時間來醞釀。

真的只有成功戒酒的人，有辦法幫助另一位想戒酒的人嗎？

不盡然。幫助人的方式有很多種，即便是沒有親自體驗過酒癮的專業人士或智者，也能提供非常有幫助的建議。不過，在酗酒或其他成癮問題中，有些面向或狀況是沒有親身經歷過的人，完全無法體會的。

其中最可怕的，莫過於覺得自己徹底孤獨、沒有人理解自己。

經歷過許多人生挑戰與困境的人，就是最有力的見證：即便碰上重重難關，生命依然堅強；即便一切看似黯淡無光，希望依然存在。

　　我們都曾在人生中經歷各式各樣的磨難，如果能分享過來人經驗，其實就能將他人從困境中解救出來。

「我願意幫忙,同時也得到幫助。」

一些正在戒酒和戒毒的人說:「還有酒癮或毒癮的時候,我很自私。但即便戒酒或戒毒了,我還是很自私。我最大的改變,是變成願意幫助別人,而不是傷害別人的人。當我試著幫助別人戒掉酒癮或毒癮,自己也會更

清醒、更不會再次上癮。」

但願我們都能理解,每當我們幫助別人,收穫絕對大於付出。

查理・布朗很開心能找到一位夥伴，他之所以能得到這個朋友，是因為他一開始想要幫助這位難過、孤獨的人。

　　有位智者就說，只要能與他人分享，喜悅就會加倍，悲傷則會減半。

　　把幫助別人當成一種習慣，就會驚訝地發現自己其實才是真正的受益者。

特別篇 1

史努比陪你，
不再討好所有人

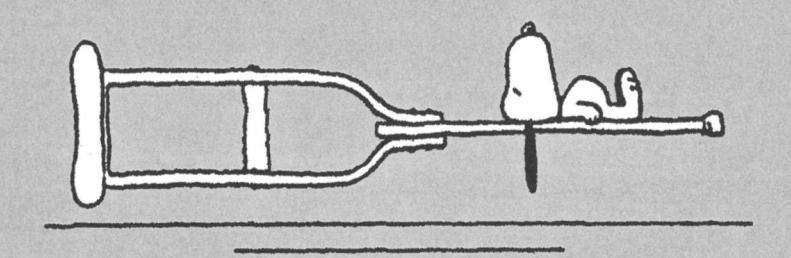

近年來，十二步驟療法很強調「病態互依」（co-dependence）的現象，這個詞彙指的是一種關係型態。在這種關係型態中，你允許別人左右你的人生。你的人生走向並不是由你自己決定，而是先等對方有所行動之後再做出反應，這基本上就是讓對方操控你的生活。

這種情況在有酗酒或吸毒問題的家中相當常見，但也可能發生在日常生活中。其實，只要你將自己的思考與決策權交到他人手中，那就是所謂的病態互依。比方說，有些人受到他人控制，所以在對方做了或沒做某些事情的時候，他們會感到內疚，然後依此來調整自己的行為。有些人則是習慣討好他人，總是試圖滿足他人的願望，而不去考量自己的合理需求。某種程度來說，與他人病態互依的人，都是透過別人的眼睛，來看待這個世界。

病態互依的關係當中有一項特點，就是明明對方才是有問題的人，但你卻會覺得自己是問題的根源。有問

題的那一方會用罪惡感來驅使他人,讓別人覺得要替他的問題和困難負責,而他們更對此深信不疑。

但這種論述很少成立。雖然我的行為可能會對周遭的人造成壓力,但其他人要對我的行為做出什麼反應,決定權終究在他們手上。酗酒者的妻子經常覺得自己有錯,認為如果自己更盡心盡力、更能幹,丈夫就不會酗酒。道理相同,沉迷賭博者、暴飲暴食者、菸癮很重的人,或者是工作狂的配偶,大家也傾向將問題的責任攬到自己身上,然後因為內疚而做出不適當的反應。

史努比以為雪人是因為被牠舔過才融化。牠沒有意識到自己其實沒有那麼大的威力，融化是太陽造成的。

或許將自己視為他人問題的根源，會讓我們莫名覺得自己很有力量，誤以為我們影響力強大，有辦法真的去影響到別人的行為。

或許可以謙卑一些。有各式各樣的原因會產生問題，而我們很少是問題的主因。

大家常說「沒有人是孤島」。這個說法沒錯，但要是我們的生活與行為都受到彼此牽制，那不就變成病態互依了嗎？如果是這樣，病態互依不就是一種適應不良的失衡現象嗎？

事實上，互相依賴和病態互依是有區別的。當然，沒有人是孤島，每個人都以不同的方式互相依存。

在健康的人際關係中，彼此是平等互饋、適度依賴的。沒有人會受到他人支配，也沒有人會為這種關係付出高昂的代價。

奈勒斯就付出昂貴的代價。如果他確實需要露西替他準備食物，那一句真誠的「謝謝」就足以表達感激。他應該要能輕鬆說出「謝謝」，而處於健康對等關係中的露西也不會要求更多。

但我在《好事即將發生》當中就指出，露西很霸道專橫，而奈勒斯非常依賴她。露西確實在這段關係中有所付出，但她對奈勒斯的要求根本不合理。

如果你覺得伴侶的要求讓你不舒服，那你很有可能正處於病態互依的關係中。

假如你交出自己做決定的權利，讓別人來替你經營生活，那就麻煩大了！如果你想要有所改變，就必須做出決定：接管自己做決策的權利。但這項決定可能會被替你做決定的人推翻。

這樣說明是不是很混亂？或許以下漫畫可以說明。

奈勒斯接受露西的控制。奈勒斯被露西嚇怕了,她不用說半句話就可以要求他做某件事。她能用沉默來控制他。

奈勒斯試探性地說自己或許不該受露西控制。露西以冷淡不回應的態度來駁斥。她的反應透露出「這個說法實在荒謬,根本不需要回應」,奈勒斯立刻打退堂鼓。

聽起來是不是很熟悉?

所以，保持獨立思考以及個人判斷非常重要。我們應該隨時聽取他人的意見，並仔細考慮，但最終決定權還是在我們手上。

如果你覺得世界是瘋狂的，你有權發表自己的見解，但不要因為別人認為世界是瘋狂的，你就假設世界真的是如此。

打開耳朵、敞開心胸，聆聽他人的建議和想法，將這些資訊處理消化之後自己做決定，這樣人生或許就會更愉快順暢。萬一任他人擺佈，生活就有可能會變得一團亂。例如，如果你受到兩個意見相左的人操控，情況會是如何？

可憐的史努比。牠試圖討好所有人，表情一半憂傷、一半開朗。這幾乎沒人人能辦到。即便做得到，要維持兩種相互衝突的態度，也會非常勞心費神。

但最主要的問題在於，即便史努比這麼努力討好，卻沒有人滿意。范蕾特不喜歡牠開朗的那一半，佩蒂不喜歡牠垂頭喪氣的那一半。

所以做自己就好了，不要再試著討好所有人。這樣不僅會把自己給累壞，到頭來還沒辦法取悅任何人。

特別篇 11

7大人生格言，
喚醒全新的自己

◗ 保持冷靜！

保持冷靜不容易，但**冷靜**其實是生活中最不可或缺的態度。即便在最緊繃焦慮的時刻，我們也必須沉著淡定。

想一想我們被激怒時會有什麼反應。有人做了或說了一些會讓人惱火的事，我們可能會一股衝動地大吼大叫，或者是激動咒罵。

這樣做能帶來什麼？什麼都沒有！不管是誰激怒了我們，都不會因為我們的激烈反應而有所改變。他還是會繼續堅持自己所相信的事物。

所以說，查理・布朗就知道不管自己說什麼，都無法改變露西的想法，因為露西就是這樣。所以他做了非常明智的決定：不浪費力氣去說服露西。

但後來他還是抵擋不了糾正露西的衝動，開口指正露西錯誤的說法。

而這正解釋了為什麼最好保持冷靜,並堅持下去。雖然你可能覺得自己應該去挫挫對方的銳氣,但如果你直覺判斷這只是徒勞,請別改變心意。你或許是對的。

活在當下,隨遇而安

某個層面來看,以前生活條件比較艱困的時候,人類可能反而覺得生活比較輕鬆。

很久以前,生活環境真的相當惡劣,人類自然會覺得生活充滿各種問題。例如,死胎率相當高,嬰兒能存活下來已經不容易。還有,兒童疾病非常普遍,可以長大成人已經是一項成就。再加上以前肺結核又那麼盛行,能活過 40 歲實屬難得。

如今,現代科學與醫學奇蹟讓生存變得輕鬆簡單,我們有餘裕對於各式各樣人類祖先根本不在乎的事,感到痛苦困擾。

心情好差…
早安，請坐。
太好了，我需要諮商。
露西醫生
為你服務
心理諮商小攤
5美分
露西醫生
為你服務
如果覺得自己格格不入，該怎麼做？
9-22
如果覺得生活很不順，該怎麼辦？
露西醫生
為你服務
跟我來，我讓你看個東西。
有看到那邊的地平線嗎？世界是不是很大？其實每個人都能在世界上找到自己的位置，對吧？

查理・布朗對這個世界感到不滿。

露西告訴他現實未必盡如人意,但這是唯一存在的現實,所以最好去適應和接受。

查理·布朗意識到，其實任何人都無法順利應付艱難的現實，但如果能將困難切分成較小的等份，應對起來就容易多了。

沒有必要為了整個未來擔心焦慮，一次只要擔心一天就夠了。

特別篇 II

既然我們沒有無限精力，節約使用珍貴的精力就是明智之舉。將精力浪費在徒勞無功的事情上不僅不明智，還會讓人精疲力竭、沮喪氣餒。

　　想想你今天能做什麼。如果可以稍微撥出一些薪水放進存款當中，讓你在接下來的夏日能去度個假，或是做退休規劃，那確實非常有意義。未雨綢繆、替未來做準備絕對沒錯。但是為了**自己根本無法影響**的未來憂心忡忡，根本是在浪費時間與心力，也會讓人提不起勁去過好每一個當下。

　　所以才會建議大家「活在當下，隨遇而安」。

　　除了避免不必要且毫無幫助的擔憂之外，「活在當下」也是鼓勵大家今日事今日畢、不要拖延。如果能克服拖延的老毛病，就能免除許多困擾與懊悔！

　　明天該讀的書不會比較少，該完成的事情也一樣存在。但越是拖拖拉拉，能完成工作的時間就越少。

話說回來，拖延者身旁的人可能會鼓勵他拖延，然後又反過來批評他。

或是在他身邊嘮叨……

你不應該看電視,應該去讀《格列佛遊記》才對。

假期就要結束,新學期馬上要開始了。

連我妹都來煩我…

不是「馬上要開始」…

是「趁你不知不覺突然開始」!

或什麼都不說……

全世界都知道拖延的下場很慘,因為在最後的恐慌時刻,我們會把自己搞得精疲力盡。

拖延者最後面臨的,就是鐵錚錚的教訓。

PEANUTS
查理·布朗，快點！快遲到了！
1-4
不曉得他有沒有讀《格列佛遊記》跟寫讀書心得。
你有完成作業嗎？什麼時候做的？
凌晨 3 點 !!!
SCHULZ

重要的事情要先做！

許多問題之所以產生，是因為沒有設定優先順序。想要的東西或許很多，但現實不可能讓我們全部擁有，所以必須做出選擇。

多數人都有預算限制。鑽石、出國度假和船外機固然吸引人，但基本三餐、住處和健康照護才是第一要務。如果必須限制卡路里的攝取，那必要營養素會比糖果更重要。萬一球賽和重要商務會議時間重疊，會議應該要優先才對。

為什麼會這樣？為什麼不能擁有想要的一切？是誰規定食物必須排在船外機前面？認清現實吧，這些事情本來就不是人自己決定的。

為什麼有些小孩比其他小孩大？因為他們先出生了。這對年紀比較小的孩子來說公平嗎？或許不公平，但這就是現實。

我們必須接受現實，而不是強硬實行自己想要的方式，這樣才能順利、健康地適應日常生活。

妳覺得自己很
聰明，那只是因為
妳年紀比我大！
妳只是剛好比我早出生，
只是比較幸運！
我又沒有想要
第二個出生！
我連填
申請表的
機會都
沒有！

相互尊重，彼此包容

相互尊重，彼此包容是個很棒的原則。如果沒有人侵犯你的權利，就不要干涉他們的生活方式。以自己希望的方式去生活，並允許他人以他們希望的方式生活。

要是大家都能遵循這個簡單的原則，就能避免許多痛苦與衝突摩擦。其他人沒有必要以我的方式來做事，也不需要接受我的信念與原則。只要大家都能彼此尊重，我們就能和平共處。

這個原則如此簡單又基本，為什麼很少人能乖乖遵守和實踐？

我們口口聲聲說要尊重他人的基本權利，同時又說他們做事的方法錯得離譜，所以即便尊重他們的基本權利，還是免不了想出手干涉。

這種合理化的藉口其實非常站不住腳，代表我們還是想要支配他人，再不然就是想強迫他人接受我們的價值觀。

如果能確實遵守「相互尊重，彼此包容」的原則，不要再去找藉口或理由，大家都會更快樂。

慢慢來!

　　雖然現在有微波爐和傳真機等各種科技奇蹟,有些事還是急不得,比方說懷孕。

　　道理相同,要改變人天生的性格或情緒反應也急不得。有些人認為催眠是一種能快速解決問題的方法,但事實並非如此。有些人會吃各種藥丸,希望能立刻感覺

好一些。遺憾的是，尋求快速解決情緒問題的方法，往往讓人對化學物質產生依賴，甚至上癮。

另外，有些人會一直去看諮商師或心理治療師，一邊拖延、不想立刻針對個人生活做出必要改變，同時希望治療師或諮商師能想出一個更簡單的辦法，讓他們的心情與人生立刻好起來，自己卻巴著舊習慣或舊思維不放。

話說回來，改變需要時間。短時間的等待還說得過去，但如果現有的治療方案，讓你覺得離成長跟理想遙遙無期，那比起期待治療有效，主動做出改變與調整，或許是更明智的選擇。

越簡單越好！

簡單的問題往往能用簡單的方式解決。只要保持簡單，生活中的許多問題都能迎刃而解。很多時候，我們會把情況搞得撲朔迷離，將簡單的問題複雜化。

為什麼？

SUN JUNE 19
MON JUN
SUN JUNE 26
MON JUN
我問妳哦。
問吧。
妳給爸爸買了什麼父親節禮物？
要慶祝什麼？
父親節，正是今天。
我以為我們才剛過母親節⋯
那是上個月。
那情人節呢？情人節不是才剛過嗎？
那是2月的事。
復活節呢？我們復活節做了什麼？
復活節是4月。
我什麼都不記得了！
那我生日呢？
© 1983 United Feature Syndicate Inc.
妳生日還要等兩個月，我們會先過美國獨立紀念日。
然後才是我生日？
然後是勞動節、贖罪日、美國原住民日、哥倫布日、萬聖節。
感恩節、聖誕節，還有新年！
所以妳買了什麼父親節禮物？
要慶祝什麼？

莎莉八成沒有買任何父親節禮物,但因為她不願意直接承認,所以一直兜圈子,把查理‧布朗搞得暈頭轉向。

這是政客最愛用的伎倆。假如問題的答案令他們尷尬,就會用各種話術來推託。

當我們將實際上很簡單的事情複雜化,就代表簡單的解決方法或答案不是我們想要的。

三思而後行!

有時候想太多會造成不少麻煩。事實上,「越簡單越好」這句格言是在提醒我們,不要因為過度思考而讓簡單的事情變複雜。

不過,很多時候,稍微思考一下就不會衝動做出一些蠢事。我們可能常常事後反省自己說過的話或做過的事,發現「剛才也太蠢了,為什麼我會做出(或說出)這麼蠢的事情?」若能三思而後行,想想自己接下來到底要做什麼或說什麼,就可以避免這些尷尬的局面。

漫畫中使用「汪汪」來表示狗叫聲，這不表示狗真的會發出「汪汪」的聲音。鳥不會說「啾啾」，生氣的貓也不會發出低吼聲。如果試圖用這種方式與動物溝通交流，牠們肯定覺得我們非常可笑。那麼，我們為什麼還要這樣做？因為我們沒有真的想清楚自己在說什麼。

對動物說一些毫無意義的話不會造成太大傷害,但當我們在跟其他人說話,腦中完全沒有預先思考自己的話是否有道理,後果就沒這麼無傷大雅了。不經思考的言論輕則聽起來愚蠢,嚴重的話有可能會侮辱或傷到別人。

所以在這方面,三思而後行絕對是個不錯的建議。

後記

這簡直是最美好的人生哲學

蓋特威康復中心（Gateway Rehabilitation Center）有個標語：「通往康復的電梯故障中，請使用十二步階梯」。畢竟，改變性格並非一蹴可幾，必須努力攀登才能通往終點。

雖然十二步驟不是電梯，不過這個療法跟手扶梯有相似之處。手扶梯是由一條連續的鏈帶所組成，階梯到達最上層之後會回頭循環，再次回到第一階。

理想情況下，人格發展永遠不會停止。在任何時間點做性格測驗，都可以讓我們找出需要改進的地方並改正。話說回來，改掉一些不好的個性後，你可能又會看到其他的問題——你以前不覺得它們是缺點，但現在卻與心智成長的你不符。

這就跟裝潢客廳一樣。有了漂亮的新家具，突然發現舊的地毯與新的擺設格格不入，所以地毯需要換新。地毯更新之後，壁紙顯得過於單調，所以必須更換。什麼東西都換了，才發現光線不夠充足、無法顯現出房間的美感，所以要添購新的燈具。每項新的改善會帶出另一項有待改進的部分。

十二步驟法則是改善性格的絕佳指南，但這套方法

確實像一部手扶梯。當你走到第十二級台階，是不可能踏上一個平台然後說：「到終點了！」反而會在這個位置，用嶄新的視野檢視自己，看看還有哪些性格特質要調整，才能跟煥然一新的自己相符，然後重新展開一連串的改進之旅。這簡直是最美好的人生哲學！

有時候，我們會終日迷迷茫茫，像夢遊者一樣漫無目的，不知何去何從。有一天，看似偶然的人生際遇，啟發了我們，讓人開始思考是否滿意自己現在這個樣子，或者有沒有辦法成為想要的樣子。而這種覺醒是第一步驟，我們終於意識到，一直以來都忘了去觀照、檢視自己。然後，就能下定決心、不惜一切代價，成為自己能夠成為的人。

這就是所謂的「及時覺醒」。

及時覺醒 Waking Up Just in Time
A Therapist Shows How to Use the Twelve Steps Approach to Life's Ups and Downs

作　　者	亞伯拉罕・托爾斯基（Abraham J. Twerski），查爾斯・舒茲（Charles M. Schulz）
譯　　者	溫澤元
主　　編	呂佳昀

總 編 輯	李映慧
執 行 長	陳旭華（steve@bookrep.com.tw）

出　　版	大牌出版／遠足文化事業股份有限公司
發　　行	遠足文化事業股份有限公司（讀書共和國出版集團）
地　　址	23141 新北市新店區民權路 108-2 號 9 樓
電　　話	+886-2-2218-1417
郵撥帳號	19504465 遠足文化事業股份有限公司

美術設計	FE 設計 葉馥儀
排　　版	新鑫電腦排版工作室
印　　製	中原造像股份有限公司
法律顧問	華洋法律事務所 蘇文生律師

定　　價	400 元
初　　版	2025 年 1 月
二　　版	2025 年 6 月

有著作權　侵害必究（缺頁或破損請寄回更換）
本書僅代表作者言論，不代表本公司／出版集團之立場與意見

Waking Up Just in Time: A Therapist Shows How to Use the Twelve Steps Approach to Life's Ups and Downs
Text Copyright © 1990 by Abraham J. Twerski
PEANUTS® Comic Strips: © 1953 through 1990 United Feature Syndicate, Inc.
Published by arrangement with St. Martin's Griffin, an imprint of St. Martin's Publishing Group, through Andrew Nurnberg Associates International Ltd.
Traditional Chinese edition copyright:
2025 STREAMER PUBLISHING, AN IMPRINT OF WALKERS CULTURAL CO., LTD.
All rights reserved.

國家圖書館出版品預行編目 (CIP) 資料

及時覺醒 / 亞伯拉罕.托爾斯基 (Abraham J. Twerski), 查爾斯.舒茲 (Charles M. Schulz) 著 ; 溫澤元譯.
-- 二版. -- 新北市 : 大牌出版, 遠足文化發行, 2025.06 ; 224 面 ; 14.8×21 公分
譯自 : Waking up just in time : a therapist shows how to use the twelve steps approach to life's ups and downs.
ISBN 978-626-7600-76-4 (平裝)

1. CST: 自我實現　2. CST: 生活指導

177.2　　　　　　　　　　　　　　　　　　　　　　　　　　　　114005540